विवाह कर्म पद्धति

गृहस्थ जीवन का आधार

धनञ्जय प्रसाद तिवारी

Made with ♥ on the Notion Press Platform
www.notionpress.com

अपनी मन बुद्धि व ज्ञान द्वारा सीता राम मय ईश्वर के इस संसार में प्रत्येक गृहस्थ स्त्री पुरुषों के चिंतन को एक समान विश्वास पूर्वक जीवन का आनन्द उठाने व धर्म अर्थ काम मोक्ष की प्राप्ति हेतु लेखक यह विवाह कर्म पद्धति नामक पुस्तक आर्यावर्त में जन्म प्राप्त करने वाले मनुष्यों को समर्पित करके आनन्दित है। और मैं एक ऐसी किताब लिखना चाहता हूं कि जिससे मैं भी सृष्टि संचालन में ईश्वर का सहायक इंसान बन सकूं। बाल्यकाल से अनाथ होने के पश्चात आज 60 वर्ष की उम्र पूर्ण होने पर प्राप्त बाल्यावस्था के सिद्ध ज्ञान से ऐसा प्रतीत होने लगा है कि यह विश्व को साझा करने वाला ऐसा ज्ञान है जिसे लुप्त होने से बचाना मेरा कर्तव्य है। अतः अपने माता-पिता व गुरु के प्रति अपनी सच्ची भक्ति भावना व्यक्त करने के लिए यह पुस्तक प्रमाणित सिद्ध होने पर मेरी अजर व अमर आत्मा अवश्य आनन्दित होगी।

क्रम-सूची

प्रस्तावना

प्रस्तुतकर्ता लेखक स्वयं पुरोहित रुप में भारत के अनेक प्रांतों में अनेक विद्वानों द्वारा लिखित पुस्तकों द्वारा व अनेक लौकिक रीति-रिवाजों से विवाह करवाया है या सीता राम रुप में नव दम्पतियों को प्रेम के बन्धनों से बंधते देखा है।

क्षेत्र क्षेत्र की परम्पराएं विवाह के लिए अलग-अलग हैं लेकिन वैदिक रीति एक ही है जो ईश्वर प्रेम की तरह हर नर नारी में सत्य प्रेम की तरह एक ही है जो पुरुष और प्रकृति को समय-समय पर एक सीता राम प्रेम में एक करके दृढ़ता प्रदान करते हैं।

12 अरब भिन्न स्वरुपों में दिखने वाला विश्व का मानव समाज आपसी प्रेम से एक हो सकता है क्योंकि एक कश्यप ऋषि की संतान ही पूरे विश्व का मानव समाज है। देवता और राक्षस भी कश्यप ऋषि की संतानें हैं। मनुष्य जन्म की प्राप्ति धर्म अर्थ काम और मोक्ष अर्थात पुरुषार्थ चतुष्टय प्राप्ति के लिए जैसे क्रम है वैसे ही क्रम में पुरुष और स्त्री की चार -चार प्रजातियां भी पूरे विश्व में व्याप्त हैं। परन्तु नर नारी का क्रम घटने व बढ़ने पर भी दोनों में ईश्वरीय प्रेम के फलस्वरूप उनकी संतानों का संसार अवश्य विकसित होता है।

अतः प्रस्तुत पुस्तक में लेखक ने देववाणी संस्कृत भाषा में वेद मंत्रों द्वारा कन्या पक्ष के पुरोहित द्वारा कन्या पक्ष के स्वयंवर व वहीं पर हवन सहित विधिवत पाणिग्रहण संस्कार का वर्णन किया है।और वर कन्या सहित चतुर्थी कर्म सम्पन्न करवाने का वर्णन बालक के घर पर गुरु वशिष्ठ जैसे आदर्श पुरोहित के सन्मुख अपनी विवाहिता धर्म पत्नी को गृह लक्ष्मी रुप में स्वीकार करके सत्य धर्म की प्राप्ति हेतु वचनवद्ध होकर सत्पुरुषार्थ की प्राप्ति का वर्णन किया गया है।

पावती (स्वीकृति)

2 वर्ष पूर्व से अपनी श्वासों की गिनती के आधार पर अपनी मृत्यु तिथि निर्धारित करने वाले मेरे पिता पंडित रामेश्वर हैं।20.4.1975 चैत्र राम नवमी मध्याह्न 12 बजे दिन में जैसे ही मेरे पिताजी के मृत शरीर की अन्तिम तैयारी शुरू हुई। कि मेरे मन में विचार दृढ़ हो गया कि अब किसी वन में जाकर "ऊं नमो भगवते वासुदेवाय" इस द्वादशाक्षर मंत्र का जप करना चाहिए। लेकिन माता पिता से रहित जानकर भी किसी आदर्श गुरु से ऐसी सद्भावना प्राप्त न कर सका। अपने पूज्य पिता जी द्वारा उनके इस विचार को कि पात्रता के आधार पर या किसी को ज्ञान का पात्र जानकर ही उसे ज्ञान दान करना चाहिए और उनके निज ज्योतिष ज्ञान का अनुभव दान करने की व्याकुलता को समझा।

लेखक सत्य ही धर्म है जानकर माता पिता व ज्ञानी कुल पुरोहित वशिष्ठ के अभाव में अपने क्षेत्रीय आदर्श पुरुष के आशिर्वचनों से प्रेरित होकर गृहस्थ बन सका, और अपने इसी गृहस्थ जीवन में धर्म अर्थ काम और मोक्ष की प्राप्ति के लिए इस विवाह कर्म पद्धति पुस्तक के माध्यम से ऐसा यत्न कर रहा है कि जब आर्यावर्त में वशिष्ठ जैसे कुल पुरोहित इस पुस्तक के ज्ञान धारण करेंगे तो ऐसा रामराज्य स्थापित अवश्य हो जायेगा जहां न कोई स्त्री पुरुष विधवा व विधुर होंगे और न ही उन्हें अल्पायु व रोग ग्रसित संतानें प्राप्त होंगी और आर्य कन्या का विवाह भी एक बार ही होगा एक ईश्वर का प्रेमी मानव समाज होगा।

अपने पूज्य पिता जी द्वारा बाल्यकाल में दूसरों को प्रदान करते समय मुझे जो कर्म काण्ड का ज्ञान प्राप्त था। वह अपने जीते जी समाज में प्रकाशित हो और विप्रों द्वारा समाज में उचित गाइडेंस मिले इसलिए मेरे मन ने विवाह कर्म पद्धति पुस्तक लिखने के लिए मुझे अपने अच्छे मन से स्वीकृति प्राप्त हुई है।

भूमिका

आर्यावर्त में विवाह पद्धति की वैदिक विधि एक ही है। आर्य कन्या का विवाह एक बार ही होता है, जो कि वर कन्या ईश्वर की इच्छा जानकर अपनी इच्छा से विवाह माता पिता व गुरु आज्ञा से विवाह करते हैं, वे सप्तम कर्म बन्धनों से छुटकारा पाने के लिए जन्म मृत्यु में आनन्दित होते हैं। और अपने गृहस्थ जीवन में सबको आश्रय देकर महापुरुष आनन्द प्राप्त कर चुके हैं।

आर्यावर्त में गांधर्व विवाह पद्धति विधि के अत्यधिक विकसित होने के फलस्वरूप कुल रीति, क्षेत्र रीति व लौकिक रीति-रिवाजों से होने वाले गांधर्व विवाह से विकास की जगह अब विनाश का शुभारंभ जानकार यह वैदिक विवाह पद्धति लिख रहा हूं। ईश्वर भजन के माध्यम से लिख रहा हूं।मनीषिणः मित भाषिणः अतः पूर्व व वर्तमान विद्वत जन क्षमा करें और इसमें होने वाली त्रुटियों को सुधारने में मदद करें जिससे भविष्य में गांधर्व विवाह से भी गृहस्थ धर्म द्वारा मनुष्य प्रत्येक आश्रमों का आश्रय देने में समर्थ रह सकें।

"जीवात्मा परमात्मा के इस संसार में सत्यम शिवम सुंदरम की प्राप्ति के लिए नमः शिवाय"

आमुख

सीता सती व सावित्री की जन्म कर्म व धर्म भूमि भारत देश में ऐसे वशिष्ठ जैसे इंसानों की आवश्यकता है।जो राग रोष ईर्ष्या मद मोह मन बुद्धि व अहंकार को अपने वश में रख सके अथवा अपने इन विकारों को आजीवन वश में करने का प्रयास करता रहे। वैसे तो जीव अहंकार के वशीभूत होता है,केवल सर्व शक्तिमान ईश्वर ही अहंकार को वश में किए रहता है। परन्तु वशिष्ठ जी की तपस्या से द्वापर के पहले ही त्रेता में प्रभु श्री राम को अवतार लेना पड़ता है। शास्त्रों में यह भी उल्लेख है कि गायत्री मंत्र को करोड़ बार जप यज्ञ करने वाले इंसान अपने जन्म कर्म से शुद्ध हो कर (पुरोहित) वशिष्ठ की पदवी पर सम्मानित होते हैं। और अपने यजमान के यहां राम का विवाह सीता से करवाते हैं। जिस रामराज्य में सिंह व मृग एक साथ जल ग्रहण करते हैं।

अतः ऐसे रामराज्य लाने वाले पुरोहित वशिष्ठ जैसे अहंकार से रहित व जन्म कर्म से शुद्ध इंसानों के लिए यह विवाह कर्म पद्धति पुस्तक लेखक द्वारा संपादित की जा रही है।

नोट -

यह विवाह कर्म पद्धति पुस्तक सीता राम चरणों में प्रीति हेतु समर्पित है।

अचल व अमल मन से अचल व अमल करने मन धारण करने वाले श्रेष्ठतम पुरोहितों को सादर आमुख हो।

लेखक की बालबुद्धि विवेक व परोपकार की भावनाओं से स्वीकृत है। और विश्व शान्ति दया दान द्वारा सत्य सनातन भारत माता को सप्रेम भेंट हेतु प्रस्तावित है।

1

विवाह पद्धति प्रारम्भ

श्री गणेशाय नमः

सजयति सिंधुरवदनो देवो यत्पाद पंकज स्मरणं।
वासरमणिरिव तमसां राशिंनाशयति विघ्नानाम।।
सुमुखश्चैव दंतश्च कपिलो गजकर्णकः ।
लम्बोदरश्च विकटो विघ्ननाशो विनायकः।।
धूम्रकेतुर्गणाध्यक्षो भालचन्द्रो गजाननः।
द्वादशैतानि नामानि यः पठेच्छृणुयादपि।।
विद्यारम्भे विवाहेच प्रवेशे गमनेतथा।
संग्रामेसंकटे चैवविघ्नस् तस्य न जायते।।

स्वस्ति श्री महागणाधिपतये नमः

हरिः ॐ गणानांत्वा गणपतिग्वं हवागहे प्रियाणां त्वा प्रियपति
ग्वंहवामहे निधीनांत्वानिधिपतिग्वंहवामहे वसोमम
आहमजानिगभधमा त्वं जासिगर्भधम्।१।

सुमुहूर्तमस्तु

तथास्तु

ॐ विश्वानि देव सर्व दुरितानि परासुव यद्भद्रंतन्नासुव।

स्वस्तिनऽइंद्रोवृद्धश्रवाः स्वस्ति नः पूषा विश्ववेदाः
स्वस्तिनस्तार्क्ष्योऽअरिष्टनेमिः स्वस्ति नो वृहस्पतिर्दधातु
दीर्घायित्वार्यवलाय वर्चसेसुप्रजायस्त्वासहस्नाप्वुरथो जीवशरदः शतात्
द्यौः शान्तिरंतरिक्षग्वंशान्तिः पृथ्वी शान्तिरापः शांतिरोषधयः
शांतिर्वनस्पतयः शांतिर्विश्वेदेवाः शांतिर्ब्रम्हशांतिः सर्वग्वंशांतिः
शांतिरेवशांतिः सामाशांतिरेधिद्विपदः शंचतुष्पदेभ्यः शुभशांतिर्वरदां
भवतु।

इतिविश्वान् संपूर्णम्

2

विवाह हेतु यज्ञाचार्य या मध्यस्थता करने वाले ब्राह्मण का चयन

पूजिय विप्र शील गुन हीना। अर्थात कुल परम्परा अनुसार एक गृहस्थ ही विवाह संस्कार में चतुर्थी कर्म पर्यन्त गृहस्थी बसाने वाला पुरोहित ही होना चाहिए।पुरोहित अवश्य दूसरे पुरोहित व ब्राह्मण को नियुक्त कर सकता है, लेकिन यजमान अपने मन से पुरोहित नहीं बदल सकता है।

जीवात्मा परमात्मा को सत्यम शिवम सुंदरम अर्थात प्रत्येक नर व नारी को राग,रोष, ईर्ष्या,मद व मोह रूपी कर्म बन्धनों से मुक्त होने के लिए भाव भक्ति व वचन से सचिव बैद्य व गुरु उसके कुलानुसार संस्कार संस्कृति व संस्कृत से प्राप्ति का विधान सनातन है।

"अथातः संप्रवक्ष्यामिगणजागंसुखावहं कामकेवासकेयज्ञे विवाहेव्रतसंयमे।।

आदौगणेश्वरम पूज्यं सर्व कामफलप्रदम् मासामासाधियं देवं गणायत्यलभते नरः।।"

सद्आचरण से आत्मस्वरूप पिता की सूर्य सदृश ज्योति धारण करके संस्कार भक्ति जगायें। ताकि आने वाली शनि ग्रह जैसी सन्तानों में पूर्व संस्कृति का भाव परत दर परत बैठ अपने अर्जित व संयोग वश प्राप्त ज्ञान भूतल पर पात्र शिष्य को मिले, यह आर्तनाद युक्त भाव व प्रयास मेरे पिताजी का है।

विवाह यज्ञ द्वारा मनुष्य को धर्म अर्थ काम और मोक्ष की प्राप्ति होती है अतः धर्म अर्थ काम और मोक्ष के लिए वर-कन्या-ऋत्वग और यज्ञाचार्य के चयन का शास्त्रीय विधान का मनन चिन्तन मानव समाज सनातन काल से कर रहा है। रामराज्य में चाहे गंगा यमुना के पश्चिम अथवा नर्मदा के उत्तर संपूर्ण भरत खण्ड में अवश्य यह परंपरा थी और रहेगी।

ॐ षडर्ष्यां भवन्ति- आचार्यऋत्विक् विवाह्योराजाप्रियस्नातकः।

- कोयमाचार्यः - वेदांगीब्रम्चारीच विद्वानवेदविचक्षणः प्राज्ञोबुद्धिमतांश्रेष्ठां एष आचार्य उच्यते।।
- कोसौऋत्विक - ज्ञानीबहुगुणध्नौवचतुर्मुख इव प्रभुः ललितःशीलसंयुक्तऋत्विगोवंश उच्यते।।

सीता राम मय मनुष्य समाज में कन्या पक्ष से आचार्य व वर पक्ष से ऋत्विक की प्रसन्नता के फलस्वरूप नवदम्पति सीता राम रुप में विवाह मण्डप में भाव भक्ति वचन से एक हो अनेकों रुप में प्रतिभाषित होते हैं।

विवाह मण्डप में षष्टांग सीता राम , राम या सीता का दर्शन करने के लिए यह समझ लेना आवश्यक है कि धर्म से अर्थ है या अर्थ से धर्म है, काम से मोक्ष है या मोक्ष से काम है। अर्थात षष्टांग में एक दूसरे के पूरक जानकर ही राजा जनक द्वारा आयोजित स्वयंवर में अपने शुद्ध भावों से पहुंचा जा सकता है।

"चतुर चतुर तरुनी कहै वेद पुरान विचारि
पद्मिनि चित्रिनि संखिंनी और हस्तिनी नारि"

चार प्रकार की नारियों में अति प्रबल सतीत्व की अग्नि योगाग्नि है।

विवाह मण्डप में योजक नाम अग्नि ही योगाग्नि है।

सनातन धर्मानुसार विवाह के समय वर-वधू को (7+5) कुल 12 वचन मानना होता है।वधू के 7 वचनों को वर माने और वर के 5 वाक्यों को वधू माने विश्वास एक हो गया मन से। जब मन का विश्वास एक हुआ तो आत्मा तो एक ही है। क्योंकि मन में अन्तर होता है, परमात्मा का अंश आत्मा में अन्तर नहीं होता है।दोनों के अन्तर्मन को एक करने हेतु मानव समाज में विभिन्न प्रथाएँ क्षेत्रीय सनातन धर्मानुसार हैं।

निम्नलिखित 12 वचनों द्वारा दोनों का चित्त एक होता है।

1. भूमि
2. जल
3. अग्नि
4. वायु
5. आकाश
6. मन
7. बुद्धि
8. शब्द
9. स्पर्श
10. रूप
11. रस
12. गन्ध

और इन्हीं 12 वचनों से दुनिया वसाने वाले का चित्त एकाग्र रहता है।हम सब मनुष्य चाहकर भी ईश्वर की वसाई हुई दुनिया में कुछ भी परिवर्तन नहीं कर सकते हैं।केवल आत्मसुख या आनन्द ही अपना क्षीण करेंगे।अतः ईश्वर के 12 वचनों में यत्नपूर्वक विश्वास करके अपने चित्त को शुद्ध करना हम सबका परम कर्तव्य है।

अतः

1. तन-अपना शरीर स्वस्थ रखने का प्र यास करते रहें।
2. मन-चि त्त की शुद्धता हेतु मन में दृढ़ वि श्वास रहे।
3. धन-मेरा अपना चि त्त यदि शुद्ध न हुआ तो मेर बाद आने वाली पीढी दर पीढी सन्तानो का चि त्त शुद्ध व एकाग्र ही होगा।

"विचारो को वश में रखि ये वो तु म्होंर शब्द बनेंगे
शब्दो को वश में रखि ये वो तु म्होंर कर्म बनेंगे
कर्मों को वश में रखि ये वो तु म्हारी आदत बनेंगे
आदतो को वश में रखि ये वो तु म्हारा चरित्र बनेगा"

चरित्र को वश में रखि ये वो तु म्हारा भाग्य बनेंगे। इस प्रकार अपने मन में ज्ञान का प्रकाश खोजें, और दिखावा बन्द कैंर। मनु ष्य कोई भी दि खावा अपनी शरीर व अपने ऐशो-आराम के लिए करता है। परन्तु मन में नि र्मलता पवि त्रता व शान्ति सनातन धर्मा नुसार उसके अपने मन की कोमलता से ही सम्भव है।

मनु ष्य इसलि ए अज्ञानी है कि वह अपने सूक्ष्म से सूक्ष्म , व्यापकता में व्यापक - कोमल मन को कठोर करना चाहता है। जैसे परमात्मा की गूंज सर्वत्र है वैसे ही कोमल मन की गति सर्वत्र है। जैसे परमात्मा के साथ आत्मा सर्वत्र है वैसे आत्मा के साथ मन सर्वत्र है।

जैसे एक स्वर ज्ञान के प्र ाप्त होने से सभी ज्ञान प्र ाप्त हो जाते हैं, वैसे ही एक मन के स्थि र होते ही तन और धन सब-कु छ स्थि र आनन्दवर्धक हो जाता है।

आत्मा त्वम् गि रि जामति : सहचराप्र ाणा शरीरं गृहं, पूजा ते वि षयोपभोगरचना नि द्रा समाधि स्थि तः।

संचार:पदयो:प्र दक्षि णवि धि : स्त्रोत्राणि गि रो:,

यद्त कर्म करोमि तद्अखि लम्शम्भोतवाराधनम्

कुम्भ प्रवेश:तत्रस्थित वरहोम्य:

योगाग्नि सत्य संकल्प के फलस्वरूप उत्पन्न होती है। अग्नि वास भूतल पर है या नहीं ज्योतिषी से यह जानकारी लेना आवश्यक नहीं है। अतः सीता राम के विवाह मण्डप में योजक नाम अग्नि के लिए संकल्प

मन वचन और कर्म से होना है।

ऊं अथवरमाह उपानहमुपमुंचतुअग्रौहविर्देयाष्टतकुंभ प्रवेशः।

तत्रस्थित वरहोम्यःऽदूरधतादि्वसभ्रमः तस्माद्वरमाह उपानह उपमुंचतात् ।

अथाग्रिंकाश्यपात्रयोर्वेष्टितमादायतुश केशशर्कण्हहितायांगोपयेनोपलिप्तायां वेदिकायांस्फेनश्रुवेणप्राग्रग्र प्रादेशमात्रमुल्लिखितायां उल्लेखनक्रमेणानामिकांगुष्ठाभ्यांमृदमुद्दतायांजलेनाभ्युक्षितायां

स्थापयेत्।

तत्रसंकल्पंकुर्यात् -

ऊं तत् सद्यो नमः परमात्मने श्री पुराणपुरुषोत्माय अद्य ब्रम्हणोदि्वतीयप्रहरार्धे श्री श्वेतवराह कल्पे जम्बूद्वीपे भरतखण्डे रामराज्ये कुमारिकानांक्षेत्रे वैवश्वत मन्वंतरे अष्टाविंशतित्तमेकलियुगे कलिप्रथमचरणे गंगा सरयू मध्ये वा गंगा यमुनयोः पश्चिम तटे नवदायाउत्तरतटे अमुक संवत्सरे अमुकऋतौ महामांगल्यप्रदे मासानामुत्तमेऽमुकमासेऽमुकपक्षेऽमुकवारे अमुकशर्माहं क्षत्रियोहं गुप्तोहं दंपत्योविवाह सांगतासिद्धयर्थं अग्नि पूजनमहंकरिष्ये ।

अग्नेसांडिण्यगोत्र अरुणिमाता वरुण पिता अधोमुखः
शत्रूर्ध्दमुखोभव।
पाद्यादिदेयम् प्रथमे भुंजते,
आपोदि्वतीयेक्षितमेवच,
तृतीये तिलभौंच,
चतुर्थेघृतभक्षणं,
पंचगेशर्करायान,
षष्टेकीर्तितोयवः,
सप्तमेपूर्वाहुतिअसप्तजिहवाःप्रकीर्तिताः।

इति अग्निकर्म समाप्तं।

कोसौविवाहःरुपवांश्चगुणीज्ञानी विद्यावांश्च महाबली मतिमानऽतिश्रेष्ठश्च एवंभूतोवर स्मृतः ।

को राजा इन्द्र इव प्रजापालो रामादाशरथिर्यथा इद्दशोहिनृपोमान्यस्तस्याऽर्घ्यंचप्रदीयते।

काप्रियारामस्य चप्रियासीता विष्णोर्लक्ष्मीतथैवच ईश्वरश्चयथागौरी प्रियाद्र्वा कथितेद्दशी।

कोसौस्नातक: सत्यस्नातस्तमस्नातश्च नियमादिषुविद्‌यास्नातो व्रतस्नातकोव्रती।

शिव जी माता हैं शिव जी पिता हैं,
शिव जी चारों युग के रक्षक हैं,
पापधारी पापियों का विनाशक वही है,
जिसनें लक्ष्मी पति को वरण कर लिया है।

अर्थात इस सांसारिक प्रपंच रुपी धर्म के आधार का यत्किंचितज्ञान ही शिव है वे ही हमारे माता-पिता हैं वे ही तत्पुरुष के रूप में सतयुग त्रेता द्‌वापर और कलियुग के रक्षक हैं जो सनातन धर्म के विनाशक पापियों के संघारक हैं जिनकी छत्रछाया में कोई विरले मनुष्य ही सीता राम को विवाह मण्डप में क्षण मात्र के लिए दर्शन का आनन्द पाकर अपना मानव जीवन धन्य करके विदेह हो जाते हैं।

श्री महागणाधिपतयेनम:
जलस्नानंकारयामि
गंधंसमर्पयामि
अक्षतान् समर्पयामि
पुष्पाणि समर्पयामि
धूपंआघ्रापयामि
दीपंदर्शयामि
नैवेद्‌यंसमर्पयामि नैवेद्‌यांते आचमनं
हिरण्यगर्भेइति दक्षिणां समर्पयामि

अथकलशप्रतिष्ठा

तत् ईशानकोणे अव्रणंकलशं अक्षतविभूषितं संस्थाप्य भूमिस्पर्शनमंत्रः
भूरसिभूमिरस्यदितिरसिविश्वधाया विश्वस्यभुवनस्यधर्त्री
पृथ्वींयच्छपृथ्वीदृग्वंहपृथ्वींमाहिग्वंसीः
धान्यमसीतधान्यं
धान्यमसिधिनुहि देवान्प्राणात्वोदानायत्वा
व्यानायत्वादीर्घायुत्वामनुप्रसितिमायुनिषेधां देवोवः सविता
हिरण्यपाणिः प्रतिगृणात्वछिद्रेण पाणिनाचक्षुषेत्वामहीनांयशोसि
तस्योपरिकलशंस्थापयेत्।

अथपूजनं

वरुणस्योतंभमसि वरुणस्यस्कंभसर्जनीस्थो वरुणस्यऋतसदनमासीत्
इतिस्नानं
गंध द्वारांदुराधर्सांनित्यपुष्टांकरीषिणीं ईश्वरींसर्वभूतानांतामि
होपर्हूयेश्रियः
इतिगंध (हरिद्राचूर्णम्)
ॐ अक्षन्नमोमदंतहृयवप्रियाऽअधूषत
अस्तोषतखभानवोविप्रानषिष्ठयामतियोजान्वीं इतेहरि।
इत्यक्षतान्
श्रीश्चतेलक्ष्मीरिति पुष्पं
धूरसिधूर्वंतंधूर्वतंयोस्मान् धूर्वतितंधूर्वामः
देवतानामसिवन्हितमग्वंसस्विस्तमंप्रतमं जुष्टतमंदेवहूतमम्
इतिधूपम्
अग्निर्ज्योतिर्ज्योतिरग्निः स्वाहा सूर्योतिःज्योतिः ज्योतिः सूर्यः
स्वाहा अग्निर्वर्चोज्योतिर्वर्चः स्वाहा सूर्योवर्चोज्योतिर्वचः स्वाहा
ज्योतिःसूर्यःसूर्योज्योतिः स्वाहा
इतिदीपं

ऊं नाभ्याआसीदंतरीक्षग्वंशीश्र्मोद्यौःसववर्ततपद्भयांभूमिर्दिशः
श्रोत्रातथालोकाऽअकल्पयन्
इति नैवेद्यम्
शीतलंतोयंकर्पूरेणसुवासितं आचम्यतांसुरश्रेष्ठ मयादत्तंचभक्तितः
इत्याचमनं
हिरण्यगर्भःसमवर्तताग्रेभूतस्यजातःपतिरेकऽसीत
सदाधारपृथ्वींद्यामुतेमां कस्मैदेवायहविषाविधेमः इति दक्षिणा

अथकलशप्रार्थना

कलशस्यमुखे विष्णुःकंठेरुद्रःसमाश्रितः
मूलेतस्यस्थितोब्रम्हा मध्येमातृगणास्मृताः।।
कुक्षौतुसागराःसप्त सप्तद्वीपावसुंधरा
ॠगवेदोथयजुर्वेदःसामवेदोप्यथर्वणः।।
अंगैश्चसहितासर्वेकलशंतु समाश्रिताः
देवदानवसंवादे मथ्यमानेमहोददौ।।
उत्पन्नोसियदाकुंभविधृतोविष्णुनास्वयं
त्वतःसर्वाणितीर्थानिदेवाः सर्वे त्वयिस्थिताः।।
त्वयितिष्ठन्तिभूतानि त्वयिप्राणाःप्रतिष्ठताः
शिवःस्वयंत्वमेवासि विष्णुस्त्वंचप्रजापतिः।।
आदित्यावसवोरुद्राविश्वेदेवाः सपैत्रिकाः
सर्वेषित्वयितिष्ठन्ति यतःकामफलप्रदाः।।
त्वत्प्रसादादिमंयज्ञंकर्तुमीहेजलोद्भव
सानिध्यंकुरुमेदेवप्रसन्नोभव सर्वदा।।७।।
इतिकलशसंपूर्णम्

मनुष्य को जन्म से मृत्यु तक 4 प्रकार का फल चाहिए।

1. मानव धर्मानुसार जन्म चाहिए।

2. धर्मानुसार खूब धन चाहिए।
3. धर्मानुसार व धनानुसार भोग विलास चाहिए।
4. अन्त में सांसारिक सुख - दुख का अन्त (मोक्ष)चाहिए।

अतः **आत्मा की आकांक्षा** भाग 2 में मनुष्य जन्म पाने का उद्देश्य समझने का प्रयास करना है।

"जैसा कर्म वैसा जन्म
जैसा कर्म वैसा स्थान
जैसा कर्म वैसा नाम"

केवल एक सपूत से मोक्ष की प्राप्ति सम्भव है।

ज्योतिष ज्ञान का तीसरा नेत्र है, जो शिव जी के पास बन्द है

अतः आइए -

भारत भूमि में मनुष्य जन्म पाकर ज्योतिषी आत्मा को अपने मन में खोजने के लिए धर्म पथ पर चलें।

धर्म से - अर्थ से - काम से - मोक्ष(ज्ञान) से

जीवन में खुश रहने के लिए स्वयं को मानसरोवर झील की तरह बनना ही होगा, ताकि जो अंगारा फेकें वह स्वयं ठंडा हो जाय।

श्री गणेशाय नमः

ॐ गणानांत्वागणपतिग्वंहवामहेप्रियाणांत्वाप्रियपतिग्वंहवामहे निधीनांत्वानिधिपतिग्वंहवामहेवसोमम्आहम्जानिगर्वधम्त्वंजासिगर्वधम्।

श्री गणेश इहागच्छ इहातिष्ठ।

ॐ ब्रम्हयज्ञानंप्रथमंपुरस्ताद्विसीमतःसुरुचोवेन आवःसवुध्यानुपपमाअस्यविष्ठाःशतश्चयोनिःसतश्चविवः।

ब्रम्हन्

ऊं विष्णोरराट्मसिविष्णोस्यूरसिविष्णोध्रुवमसिवैष्णवमसिविष्णवेत्व।

विष्णोनमः

संभवायचमयोभवायचनमःशंकरायचमयस्करायचनमःशिवायचशिवतरायच

शिव ०

श्रीश्चतेलक्ष्मीश्चपत्न्यावहोरात्रेपार्श्वेनक्षत्राणिरुपमश्विनौवयाप्तंइषाणंनिषाण
मुर्मयिषाणसर्वलोकंमयिषाणः

लक्ष्मी०

पंचनद्यसरस्वतीमपियंतिसस्त्रोतसः
सरस्वतीतुपंचधासोदेसेभवत्सरित्।

सरस्वती०

ऊंनहिस्पृशमविदन्नन्यमस्माद्वैश्वानरात्पुररातारमग्रेः
रामेन्मवृधंनमृताअर्त्यंवैश्वानरंक्षैत्रजित्वायदेवाः

क्षेत्रपाल०

ऊं आकृष्णेनरजसावर्मानोनिवेशयन्नमृतंमर्त्यंचहिरण्येनसवितारथेन देवोयातिभुवनानिपश्यन्।

सूर्य ०

ऊं इमंदेवाऽअस्पत्नग्वंसुबध्वमहतेक्षेत्रायमहतेज्येष्ठायमहते जानराज्यायेंन्द्रस्येंन्द्रियाय इमम्मुष्यपुत्रममुष्यैपुत्रमस्यै विश एषवोमीराजासोमोस्माकंब्राम्हाणानाग्वंराजा।

चन्द्रमा ०

ऊं अग्निर्मूर्ध्दादिवःककुत्पतिःपृथ्व्या अयमऽपाग्वंरेताग्वंसिजिन्वति ।

भौम०

ऊं उद्‌बुध्यस्वाग्रेप्रतिजागृहीत्वमिष्टापूर्तेसग्वंसृजेथामयंच अस्मिनसधस्तेअध्युतरस्मिन विश्वेदेवायजमानश्चसीदतः।

बुध ०

ऊं वृहस्पतेअतियदर्योअर्हादि्वमदि्वभाति क्रतिमज्जनेषुयदीदछ्व्ऋतप्रजाततदस्मासुद्रविणंधेहिचित्रं।

गुरु ०

ऊं अन्नात्परिस्रुतोरसंब्रम्हणाव्यपिवत् क्षत्रपयःसोमंप्रजापतिःऋतेनमिंद्रयंविपानग्वंशुक्रमंधस इंद्रस्येंद्रियमिदंपयोमधु।

शुक्र०

ऊं शन्नो देवीरभीष्टयेआपोभवन्तुसंयोरभिस्रुवंतुनः।

शनि०

ऊं कयानश्चित्र आभुवदूतीसदावृधःसखाकयासचेष्टयावृता।

राहो०

ऊं केतुर्कृण्वंतिकेतवेपेशोभयाअपेशसेसमुखद्भिरजायथाः।

केतो०

ऊं त्रयम्बकंयजामहे सुगन्धिंपुष्टिवर्धनम् उर्वारुकमिव वन्धनान्मृत्योर्मुक्षीयमामृतात्।

त्रयम्बक०

ऊं जयन्ती मंगलाकाली भद्रकाली कपालिनी
दुर्गा क्षमा शिवा धात्री स्वाहा स्वधा नमोस्तुते।।

कुलदेवी ०

ऊं अग्निर्देवतावातोदेवतासूर्योदेवता चंद्रमादेवतावसवोदेवता।
ऊं आवोदेवासऽईमहेवामंप्रयत्वधरे आवोदेवासऽआशिष्योयज्ञियासोहवामहे।
ऊं ब्रम्हामुरारिस्त्रिपुरांत कारीभानुःशशीभूमिसुतोबुधश्च।
गुरुश्च शुक्रःशनिचराहुकेतवःसर्वेग्रहा शान्तिकराभवन्तु।।
इति नवग्रह पूजन

"विचारों को वश में रखिये वो तुम्हारें शब्द बनेंगे
शब्दों को वश में रखिये वो तुम्हारें कर्म बनेंगे
कर्मों को वश में रखिये वो तुम्हारी आदत बनेंगे
आदतों को वश में रखिये वो तुम्हारा चरित्र बनेगा
चरित्र को वश में रखिये वो तुम्हारा भाग्य बनेंगे"

अथरक्षाविधानम्

गणाधिपम् नमस्कृत्य नमस्कृत्य पितामहं
विष्णुंरुद्रंश्रियंदेवीं वंदेभक्त्यासरस्वती।।
स्थानाधिपंनमस्कृत्य दिननाथंनिशाकरं
धरणीगर्भसंभूतंशशिपुत्रं वृहस्पतिं।।
दैत्याचार्यंनमस्कृत्य सूर्यपुत्रंमहाग्रहं
राहुंकेतुंनमस्कृत्य यज्ञारंभेविशेषतः।।
शक्राद्यादेवतासर्वो मुऽनीश्चकथयाम्यहं
गर्गंमुनिंनमस्कृत्य नारदंमुनिसत्तमं।।
वशिष्ठंमुनिशार्दूलं विश्वामित्रंतथैवच
व्यासंमुनिंनमस्कृत्य सर्वशास्त्रविशारदं।।
विद्याधिकायेमुनय आचार्य्यश्चतपोधनाः
तान्सर्वान्प्रणामाम्येव यज्ञरक्षाकरान्सदा।।
पूर्वेरक्षतुगोविंद आग्रेप्यांगरुणध्वजः
याम्यारक्षतुवाराहो नारसिंहस्तुनैऋते।।
वारुण्यांकेशवोरक्षेद्वायव्यांमधुसूदनः
उत्तरेश्रीधरोरक्षेदीशानेतुगदाधरः।।
उर्ध्वंगोवर्धनोरक्षेदधस्ताश्चत्रिविक्रमः
एवंदशदिशोरक्षेद्वासुदेवोजनार्दनः।।
शंखोरक्षेश्चयज्ञाग्रे पृष्ठेखड्गंस्तथैवच
वामपार्श्वेगदारक्षे दक्षिणेतुसूदर्शनः।।
ऊंब्रम्हाणंमाधवोरक्षत्वाचार्यपातुमाधवः
उपदेष्टातुपोविप्रस्तंरुद्रोवतु सर्वदा।।
यजमानसपत्नीक कमलाक्षप्ररक्षतु
रक्षाहीनंतुयत्स्थानं तत्सर्वंरक्षताद्हरिः।।
वेदमंत्रैश्चकर्तव्यारक्षाशुभ्रैश्चसर्षपैः
आदौजपेत गणानांत्वानिरुक्तंजातवेदसं।।

यदत्रसंस्थितंभूतं स्थानमाश्रित्यसर्वदा
स्थानंत्यक्तवातुतत्सर्वयत्रस्थंतत्रगच्छतु।।
अपक्रामन्तुभूतानिपिशाचासर्वतोदिशम्
सर्वेषामनुरोधेन ब्रम्हकर्मसमारभेत्।।

इति रक्षा विधानं

अथदेवताभ्योरक्षासूत्रदानम्

ततोब्राम्हणानामरक्षाबंधनंकर्तव्यं-तत्र मंत्रः व्रतेनदीक्षामाप्नोति दीक्षयाप्नोतिदक्षिणां श्रद्धांदक्षिण्याप्नोति श्रद्धयासत्यमाप्यते।।

ततश्चतिलकमंत्रः -

ऊं युजंतिव्रघ्नमरुषंचरंतंपरितस्थुषः
रोचंतेरोचनादिवियुजंत्यस्यकाम्यहरिविपक्षसारथेशोणा
धृष्मूनृवाहसा।।
अथवरं वृणीतेबलबुद्धिवैदेवाःएतस्यग्रहस्यहोमपृच्छत्ये
तस्मादेतंवर्ग
समृध्यियतिःक्षिपेण इमंग्रहंजुहावदंति तस्माद्वरंवृणीते मंत्रोयं - ऊं
यदावध्ननदाक्षायणग्वंहिरण्यग्वंशतानिकायसुमनस्यतोमानाः तन्म
आध्नामिशतशारदायायुष्मांजरदष्टिर्यथाशं।।
ऊं त्वयविष्टदाशुषोन्द्दंपाहिश्रृणुधीगिरःरक्षतोक्षमुतन्मनाः।।
ऊं येनराजबलिर्बध्दो दानवेन्द्रो
महाबलःतेनत्वामनुवध्नामिरक्षेमाचलमाचल।।
वाचासुवाच यन्मयाभाषितं पूर्व कन्यादानवचस्ततः।।
इदंमर्घमिदंपाद्यमक्षुदकरुणायच।।
पूर्वकेभवेवाचासुवावूउररेदश मासैश्चयोषितांचाष्टवर्षकाम्
तुभ्यंकन्यां प्रदास्यामिदेवाग्निगुरुसंनिधौ।।

इति वर वरण

धनञ्जय प्रसाद तिवारी

3

विवाह मण्डप में वर प्रवेश व पूजा

इति प्रति संवत्सरमहोरात्रं ज्योतिष्मानऋतौहिऋताविज्येः आसनार्हःणाधुर्भवः आसनेऽहं साधुरितिवर उच्यतेकः साधुः सत्यवान शीलवान ज्ञानवान दृढवान् परिदारपरित्यागी सोयंसाधुरुच्यते।

दशदोषरहितश्च के -

दशदोषाः -

1. कारणक्षः
2. पिगलः
3. अति दीर्घः
4. अतिहूसः
5. स्वकृघ्मः
6. क्षयी
7. रोगी
8. कुष्ठी
9. दरिद्री
10. अन्याशक्तः

एतैर्दशदोषैरहितः सवरः साधुर्भवति अर्चयष्यामोभवंत्तिमितिब्रूयात्।

ॐ अर्चयेतिवरेणेक्तेवरोयवेशनार्थे शुद्धमासनंदत्वाविष्टरमादाय।

ॐ विष्टरो विष्टरो विष्टर इत्येन्येनोक्ते।

ॐ विष्टरःप्रतिग्रहतामितिदाता वदेत्।

ॐ विष्टरं प्रतिगृह्णामि। इत्यभिधाय वरो विष्टरं गृहीत्वा-

ॐ वर्ष्मोस्मीत्याथर्वणऋषिविष्टदेवतानुष्टुपछंदः उपवेशनेविनियोगाः ।

ॐ वष्मोस्मिसमानानामुद्वातामिवसूर्यः इमंतमभितिष्ठामि योमांकश्चाभिधासति इत्यतेनासने उत्तराग्रविष्टरोयरि वर उपविशति तंत्र उपविपूययज्यमानः पाद्यमंजलिनादाय।

ॐ पाद्यंपाद्यमित्येन्येनोक्ते-ॐ पाद्यंप्रतिगृह्यतामि इतिदाता वदेत्।

ॐ पाद्यप्रतिगृह्णामिइत्यभिधाय जयजमानांजलिनापाद्यमादायवरः

विराजोदोहोसीतिप्रजायतिऋषिरायोदेवतायजुः पादप्रक्षालनेजलग्रहणे विनियोगः।

ॐ विराजोदोहोसिवराजोदोहमसीय मयिपाद्यायैविराजोदोह इति दक्षिण पादं प्रक्षालयति।

अनेनैवक्रमेणानेनैव मंत्रेण वाम चरण प्रक्षालनं ।

ततः पूर्ववद्विष्टरंगृहीत्वा चरणयोरधस्तात् उत्तराग्रवरः कुर्य्यात् ततोदूर्बाक्षतफलपुष्प चंदनप्रतार्घपात्रंगृहीत्वायजमानः

ॐ अर्घोअर्घे इत्येन्येनोक्ते

ॐ अर्घःप्रतिगृह्यतामितिदातावदेत् -

ॐअर्घंप्रतिगृह्णामित्यभिधाय यजमानहस्ताद् ऽर्घंगृहीत्वाओं आपस्थयुष्माभिःसर्वान्कामान् वाप्नुवानिति शिरस्यक्षतादिककिंचिदत्वा

ॐ समुद्रंवःप्रहिणोमिस्वांयोनिमभिगछत अरिष्टास्माकंवीरायरासेचिमत्य इत्यर्घपात्रस्थं जलमैशान्यांदिशित्यजन्पठति तत् आचमनीयमादाय

ॐ आचमनीयमाचमनीयंमित्येनेनोक्ते

ऊं आचमनीयम्प्रतिगृह्यतामितिदातावदेत्।

तो वर आचमनीयंप्रतिगृह्यतामीत्यभिधाय यजमानहस्तादाचमनीयमादाय ओं आमागत्यशसासग्वंसृजवर्च शांतमाकुरु प्रियंप्रतिगृह्णामि त्यभियम्यूनामरिष्ठंतनुनां इत्यनेनसकृदाचामेत् इतिदि्वस्तूघ्मीं ततोयजमानं: कास्यपात्रस्थ दधिमधुघृतानि कांस्यपात्रपिहितान्यादायं

ऊं मधुपर्को मधुपर्को मधुपर्क इत्येन्येनोक्ते

ऊं मधुपर्क: प्रतिगृह्यतामितिदातावदेत् -

ऊं मधुपर्क प्रतिगृह्णामि इति वरोवदेत्।

ऊं मित्रस्यत्वाचक्षुषा प्रतीक्षेइति यजमान करस्थमेव निरीक्ष्य

ऊं देवस्य त्वासवितु: प्रसवेश्विनोर्वाहुभ्यांपूघ्मो हस्ताभ्यांप्रतिगृह्णामि।

त्यनेन मधुपर्क गृहीत्वा वामहस्ते कृत्वा

ऊं नमः श्यावास्यायात्रशनेयत आविद्धं ततेनिष्कृतामोत्यमामिक पात्रिप्रदक्षिणमालोड्य अनामिकांगुष्ठाभ्यां भूमौकिंचिन् निक्षिपेत्।पुनस्तथैवदि्ध: प्रत्येकंक्षियेत् ,ततो वर:

ऊं यन्मधुन इतिकुत्सऋषिर्मधुपर्कोदेवता जगतीछंदोमधुपर्क प्राशने विनियोग:।

ऊं यन्मधनोमधव्येन परमेणरुपेणान्नाद्येनपरमो मधव्योलादोसानीति इत्येनेन वास्नपंमधुपर्कप्राशनं प्रतिप्राशनेचैतन्मंत्र पाठ: --

ततोमधुपर्क्कषमर्स चरदेशेधारयेत् तत: दि्वराचम्य

ऊं वाड्न आसोस्तु

ऊं नसोर्मेप्राणोस्तु

ऊं अक्षणोर्मेक्षुरस्तु

ऊं कर्णयोर्मेश्रोतमस्तु ओंवाहोर्मेबलमस्तु

ऊं उर्वोर्मेओजोस्तु

ऊं अरिष्टानि में गात्राणि तनूस्त्क्ततत्वा में सहसंतु इत्यास्यादि प्रत्येकंसर्वगात्राणि स्पृष्टा

ऊं गौर्गोरित्यन्ये नाभिहिते यजमानं च प्रत्युक्तं ततो वर:

ॐ मातारुद्राणां दुहितावसूनाग्वं स्वसाहित्यनामृतस्यनाभिः प्रणवोचंचिकेतुषेजनायमागायान्नामादितिवधिष्टभम् चामुकशर्मणो यजमानस्य उभयोः पापमाहतः ।

ॐ उत्सृजततृणान्यन्वितितृणं क्षिपेत्। तो वेदिकाया तुषकेशशर्करादिरहितायां हस्तमात्रपरिमितायां चतुरस्नां भूमिंकुशैः परिसमूहातान् कुशानैशान्यां परित्यज्य गोमयोदं केनोपलिप्यस्फेन श्रुवेणवाप्रागग्र प्रादेशमात्रमुत्तरोत्तरक्रमेणत्रिरुलिख्य उल्लेखनकृमेणामिकांगुष्ठाभ्यामुपांषुउद्वत्य जलेनाभ्युक्ष्य तत्रतूष्मीं काश्यपात्रस्थं वन्हिं अग्निकोणादानीय प्रत्यन्मुखमुपसगाध्यायत द्रक्षार्थं किंचित्रप्राज्य कौतुकागाराद् वरः।

कन्यामानीयं मंडपे उपिविश्य।

ॐ जरांगच्छ परिधत्स्ववासोमवाकृष्टीनामभिशस्तिपावा शतं च जी्वाम् शरदः सुवर्च्चारपिं च युत्रान्ननुसं व्यपस्वा युष्मतीदंमपरिघत्ववासः

इति पठित्वा परिधान वस्त्रंतसौददाति वरः, ततः

ॐ याकृतं नवपा अतत्वानपाश्र देवीस्तंतूनभितोततंतथ तानुवादेवीर्ज रसेसं व्यपरवायुष्मती दंपरिधत्सवाः

इतिपठित्योतरीयं ददाति ततोवरः

ॐ परिधास्यै यशोधास्यै दीर्घायुत्वाजरद्दष्टिरश्मि शंत च जीवामि शरदःपुरुचीरायष्योषमभिसंव्ययिष्ये इतिपठित्वा । अधोवस्त्र वरःपरिधते।

ॐ यशसामाद्या वा पृथ्वी यशसेंन्द्रा वृहस्पतीयशोभगश्चमाविदधद्य शोमाप्रतिपद्यताम् इतिपठित्योतरीयं परिदधाति वरः।

इति ततःकन्याप्रदकतृकं ग्रंथिबंधनम् बन्धनम्कन्यावरयोः।

4

अथहस्ते लेपनम् मंगलाष्टकं एवं साखोचारणं

श्रीमत्पंकजविष्टरो हरिहरौवायुर्महेन्द्रो नलो चन्द्रोभास्करवित्तपाल वरुणो प्रेताधिपादिग्रहा: प्रद्‌युम्नो नलकूबर:सुरगजश्चिंतामणि कौस्तुभ: स्वामीशक्तिधुरश्चलांगलधर: कुर्वंतुनोमंगलं।।

गंगागोपतिगोमती गणपतिर्गोविंद गोवर्धनो गीतागोमयगोरजोगिरिसुता गंगाधरोगौतम: ।

गायत्रीगरुणोगदाधर गयागंभीरगोदावरी
गंधर्वाग्रहगोपगोकुलगणा:कुर्वन्तिनोमंगलं।।

स्वस्ति श्री नंदनंदन चरणकमलभक्तिरनुराग धर्ममूर्ति धर्मावतार श्रीअग्रकुलकमल प्रकाशम तांमुकुटमणि: सभाश्रृगांरसद्‌विद्‌याविनोदेन कृतकीर्तिविस्तारित अमुकगोत्रस्य अमुकप्रवरस्य अमुकशर्मण: प्रपौत्राय पौत्राय पुत्राय नेत्राणांत्रितयं शुभंपश्यतेरग्नित्रयंपावनं यजद्‌विघ्मुपदत्रयं त्रिभुवनेख्यातं च रामत्रयं

(गंगावाहपथत्रयं सुविमलं वेदत्रयंत्रिभुवनेख्यातं च रामत्रयं)

गंगावाह पथत्रयंसुविमलं वेदत्रयंत्रीश्वरं संध्यायांत्रितयं द्विजैरभियुतंकुर्वन्तुनोमंगलम्।।

गौरी श्रीकुलदेवता च शुभगा भूमिंप्रपूर्णाशुभा सावित्री च सरस्वती च सुरभी सत्यव्रतानुधती स्वाहांजाबवतीच रुक्मणि दुःस्वप्नविध्वंसिनी वेलाचांबुनिधेःसमीरमकराकुर्वन्तु नो मंगलम।।

स्वस्ति श्री नंदनंदन चरणकमलभक्तिरनुराग धर्ममूर्ति धर्मावतार श्रीअग्रकुलकमल प्रकाशम तांमुकुटमणि सभाश्रृगांरसद्विद्याविनोदेन कृतकीर्तिविस्तारित अमुकगोत्रस्य अमुकप्रवरस्य अमुकशर्मण प्रपौत्राय पौत्राय पुत्राय अश्वत्थौ बटवृक्षचंदन तरुंमंदारकल्पद्रुमौ जंबू निंब कदंब चूतसरलावृक्षाश्चयेक्षीरिणः सर्वे ते फल मिश्रिता नवदलावैभ्रान्तं राजेरम्यं चैत्ररथं सनंदनवनंकुर्वन्तिनोमंगलं।।

बाल्मीकिः सनकः सनन्दनमुनिर्व्यासो वशिष्ठो भृगुः र्जाबालिर्जमदग्नि रामजनकोः गंगोगिरागौतमः मांधाताभरतोनृपश्चसगरो धन्योदिलीपोनलः पुण्योधर्मसुतोययाति नहुषः कुर्वन्तु नोमंगलं।।

स्वस्ति श्री नंदनंदन चरणकमलभक्तिरनुराग धर्ममूर्ति धर्मावतार श्रीमंदग्रकुलकमल प्रकाशमहतांमुकुटमणेः सभा श्रृंगारणकमल भक्तेरनुराग धर्ममूर्ति धर्मावतारस्य श्री मंदग्रकुलकमल प्रकाशमहतां मुकुटमणेः सभाश्रृगांरसद्विद्याविनोदेव कृतकीर्तिविस्तारितस्य अमुकगोत्रस्यामुकशर्मणः प्रपौत्राय पौत्राय पुत्रायलक्ष्मीः कौस्तुभपरिजातक सुधाधन्वतरिश्चंद्रमागावः कामदुद्याः शिवः सुरगजोरंभादि देवांगना अश्वः सप्तमुखःसुधाहरिधनुः शंखाभिद्यंचाबुधः रत्नानीतिचतुर्दशप्रतिदिनं कुर्वन्तिनो मंगलं ।।

गंगा सिन्धु सरस्वती च यमुना गोदावरी नर्मदा कावेरी सरयू महेंद्रतनया चर्मण्वती वेदिका क्षिप्रा वेदवती महासुरनदी व्याप्ता गया गंडकी पूर्णापुण्यजलैः समुद्र सहिता कुर्वन्तु नोमंगलं।।

स्वस्ति श्री नंदनंदन चरणकमलभक्तिरनुराग धर्ममूर्ति धर्मावतार श्रीअग्रकुलकमल प्रकाशमहतां मुकुटमणिः सभा श्रृंगार रस विद्या विनोदेनकृतकीर्ति विस्तारित अमुक गोत्रस्यामुक प्रवरस्यामुकशर्मणः प्रपौत्रींपौत्रींपुत्रीं दुर्गे दुर्गविनाशिनी भयहरी मातामयेहारिनी कामाक्षा

गिरिजा उमाभगवती वागीश्वरीयोगिनी वदीसुंदरि भैरवी सुललिता सिद्धेश्वरी रेणुका वाराही वरदायिनीगिरिसुता: कुर्वन्तु नोमंगलं।।

शेषस्यतक्षक शंखकालिकुमुदा पद्मस्थितावासुकी कर्कोटकपद्मशंखक इतिरव्याप्तश्च ये पन्ना: उन्नेकाननगह्वरेम्बुजृधौ ये प्रातरब्धौस्थिता: प्रातरस्मरणं सनंदन वनं कुर्वन्तु नोमंगलं।।४।।

यमुना प्रकारेण प्रपौत्री पौत्रीं पुत्रीं ब्रम्हा वेदयति: शिव:पशुपति:सूर्यो ग्रहाणांपति: यम:पितृपतिश्चन्द्रश्चतारापति: विष्णु:यज्ञपतिर्हविहतयत: स्कन्दश्चसेनापति: सर्वे ते मुनय:सुमेरुसहिताकुर्वन्तुनोमंगलम्।।५।।

सिद्धार्थाप्रतिकालिदासकविता कुम्भाप्रपूर्णाजलै: पुष्पचंदन शंखसूकरसटीलोगोचनंश्रीफलं विप्राऽवेदविद: प्रभात समये गोकांचनव्रीहयो दूर्वा मिश्रित तंदुलै: कुर्वन्तु नोमंगलं।।६।।

अन्यप्रकारेण प्रपुत्रीम् तृतीय साखोच्चारणं पुन: कन्या दानं

5

अथ कन्या दानं

ऊं अद्यकृतैततकन्यादान प्रतिष्ठांते अमुकसुवर्णम्ग्निदैवतं अमुक गोत्राय अमुक प्रवराय अमुक शर्मणेवराय दक्षिणांतुभ्यंमहंसंप्रददे।

इति दक्षिणांददयात् - स्वस्तीतिप्रतिवचनम्।

गोमिशुनंवाददयात्

ऊं कोदात्कस्मादात् काम अपादात् कामोदाता कामःप्रतिगृहयता कामैतते।इति वरः पठेत्।

ततस्तांपाणौ गृहीत्वा ऊं पदैषिमनसादूरं दिशोनुपवमानो वा हिरण्यपर्णौवैकर्णः सत्वामन्मनसांकरोतु श्रीअमुकदेवीइतिपठन्निष्कामति ततो वेदिदक्षिणस्यां दिशिवारिपूर्ण कलशं ऊं ईतिष्ठतोमौनिनो दृढ़ पुरुषस्य स्कन्धेदाता संस्वस्थदूर्वाक्षत फल पुष्प चंदनजलान्यादाय जामातृदक्षिणकरोपरि कन्यादक्षिणकरंनिधाय ऊं दाता हं वरुणोराजा द्रव्यमादित्य दैवतं वरोसौविष्णुरुपेण प्रतिगृहणात्वयं तिभिः इतिपठित्वा गोत्रोच्चाश्रणंकुर्यात् ऊं अद्यामुकमासीयामुकपक्षीया अमुक तिथौ अमुकवासरे अमुक गोत्रस्यामुक शर्मणः प्रपौत्राय अमुक गोत्रस्यामुक प्रवरस्यामुकशर्मणः पौत्राय अमुक गोत्रस्यामुक प्रवरस्यामुकशर्मणः पुत्राय अमुक गोत्रस्यामुक गोत्रस्यामुक प्रवरस्यामुकशर्मण प्रपौत्रींपौत्रीं अमुक गोत्रस्यामुक प्रवरस्यामुकशर्मण पुत्रीम् इत्येनेन क्रमेण त्रिरावर्त्य पठनीयं अमुक गोत्रा अमुकप्रवराय अमुक शर्मणेवराय अमुक

गोत्रांअमुकप्रवरां अमुक नाम्नीइमांकन्यां शालंकारांप्रजायति दैवतांस्वर्गाकाम: पत्नी त्वेनतुभ्यमहंसंप्रददे।

ऊं स्वस्तीतिप्रतिवचनम्।

ऊं द्यौस्त्वांददातु पृथ्वी त्वांप्रतिगृह्णातु इति वर: पठेत्।

तत: कन्या प्रद:

अभिषेक पर्यंत धारयेत तत: परस्परंसमीक्षेथां इति कन्या प्रैषानंतरं

ऊं अघोरचक्षुरयतिध्येधिशिवाश्रुभ्य: सुमनासुवर्चा:वीरसूर्देवकामास्योनाशनीभ व द्विपदेशं चतुष्पदेसोम: प्रथमोविविदेगंधर्वोविविद

उत्तरस्मृतीयोग्निष्ठेयतिस्तुरीयऽस्तेमनुष्यज: सोमोददद्गंधर्वायगंधर्वो

दददग्रेयेरपिं च पुत्रांश्चादादग्रिर्मह्यमथोइमांसान: पूषाशिवतमामैरपसान ऊं रुउशतीविहरयस्यामुशंत: प्रहरामसेफ:

यस्यामुकामावहतोतिविघ्मै।।४।।

इति वर पठित मंत्रांते परं निरीक्षणं ततोग्निंप्रदक्षिणीकृत्य पश्चादग्रेरहतवस्त्रवेष्टित तृणपूलकेकटेवा तदुपरि दक्षिणं चरणं दत्वा वधू दक्षिणात: कृत्वातामुपवेश्य स्वयमुपविश्य वर: पुष्प चंदन ताम्बूल वस्त्रारायादाय ऊं अद्यकर्तव्य विवाह होमकर्माणिकृता कृतावेक्षणरुपब्रम्हकर्मण कर्तुम अमुक गोत्र अमुक शर्माणं ब्राम्हणमेभि: पुष्प चंदन ताम्बूल वासोर्घिर्बम्हत्वेन त्वामहंवृणे।

इति ब्राम्हणं वृणुयात् ऊं वृतोस्मीतिप्रतिवचनम्।

यथा विहितं कर्म कुरु ,इति वरेणोक्ते -

ऊं करवाणीति ब्रम्हणो वदेत। ततोग्नेर्दक्षिणत: शुद्धमासनम् दत्वा तदुपरि प्रागग्रात् कुशानास्तीयेब्रम्हाणमग्निप्रदक्षिणक्रमेण नीयात्रत्वंमेवृहयाभवेत्यभिधापकल्पिताशने उपवेशयेत्। ऊं अद्य कर्तव्य विवाह कर्मणि कृता कृतावेक्षरुपमाचार्य कर्मकर्तुम अमुक गोत्र अमुक शर्माणं आचार्य पुष्प चंदन ताम्बूल वासोभि: आचार्यत्वेन त्वामहं वृणे।

ऊं वृतोस्मीति प्रतिवचनम्।

तत:प्रणीतापात्रं पुरत:कृत्वा वारिणा पूर्य कुशैराछाद्य ब्रम्हणो मुखम् अवलोक्य च अग्रेरुत्तरत: कुशोपरिनिदध्यात् तत: परिस्तरणं

वर्हिषश्चचथुर्थभागम् आप्दाययाग्रे यादीशानां तं ब्रम्हण्ये अग्नि पर्यंत नैऋत्या द्वायव्यान्तं अग्नितःप्रणीता पर्य्यतं ततोग्ररुतरतः पश्चिम दिशिपवित्रछेदनार्थं कुशत्रयं पवित्र करणार्थं साग्रमनंतरगर्भकुश यत्रद्वयं प्रोक्षर्णायात्रंआज्यस्थाली संमार्जनार्थं कुशत्रयं उपमानार्थ वेणीरुपकुशत्रयं समिधस्तिस्नः श्रुव आज्यंषटपंचाश दुत्तरयजमानमुष्टिशत द्वयावछिन्नंतंडुलपूर्णपात्रं पवित्रछेदनकुशानाम् पूर्व पूर्वदिशक्रमेणासादनीय अथ तस्यामेवदिशि असाधारण वस्तून्यूपकल्पना यानि तत्र शमी पलाश मिश्रित लाजा द्दशदुयलं कुमारी भ्राता सूर्यः द्दढ़ पुरुषःअन्यदयि तदुक्तमालेयनाद्रि द्रव्यं ततः पवित्र छेदन कुशैः पवित्र छित्वा ततःसपवित्र करेण प्रणीतोदकं त्रिःप्रोक्षणीपात्रेनिधाय अनामिका अंगुष्ठाभ्यां उत्तराग्रेपवित्रे गृहीत्वा त्रिरुत्यचनंततःप्रोक्षणीपात्रस्यसव्यहस्तकरणं अनामिका अंगुष्ठाभ्यां पवित्रे गृहीत्वात्रिरुदिगनं प्रणीतोदकेनप्रोक्षणीप्रोक्षणं प्रोक्षणीजलेनयथासादितवस्तुसेचनं ततोग्रिप्रणीतयोर्मध्ये प्रोक्षणीपात्रनिधानं आज्यस्थाल्यामाज्यनिर्वायःततोधिश्रयणं ततोज्वलतृणादिनाहविरवेष्टयित्वा प्रदक्षिणा क्रमेणवन्हौतत्प्रक्षेयः

पर्यग्निकरणंततःश्रुव प्रत्यनंकृत्वा संमार्जन कुशानामग्रैरंतरतोमूलैर्वाह्यतः श्रुवसंमार्जनंप्रणीतोदकेन अभ्युक्ष्य पुनः प्रतप्य श्रुवं दक्षिणतो निदध्यात्।

तत् आज्यस्याग्रेरवतारणं तत्आज्येप्रोक्षणीवदुत्यवनं अवेक्ष्यसता द्रव्येतिरसनंपुनःप्रोक्षण्युवनंततः उपयमन्कुशान् वामहस्तेनादाय उतिष्ठन्प्रजायतिंमनसाध्या त्वातूघ्मीमग्रौघृताक्तास्तिस्निः समिधः क्षिपेत् तत् उपिविश्य संपवित्र प्रोक्षण्युदकेनप्रदक्षिणक्रमेण अग्निप्रक्षणं कृत्वाप्रणीता पात्रे पवित्रेनिधाय गातितदक्षिणजानु.

कुशेनब्रमहणान्वारव्धः समद्धतमेग्रौस्नुवेणाज्याहुतीर्जुहोति तत्राधारादारभ्यद्वादशाहुतिषु तत् दाहुत्यनंतरं श्रुवावस्थितहुतशेष घृतस्यप्रोक्षणीपात्रेप्रक्षेयः।

ॐ प्रजापतये स्वाहा - इदं प्रजापतये इति मनसा।

ॐ इन्द्राय स्वाहा - इदं इन्द्राय इत्याधारौ।

ॐ अग्नये स्वाहा - इदं अग्नये ।

ॐ सोमाय स्वाहा - इदं सोमाय इत्याज्यभागौ।

ॐ भूः स्वाहा - इदं भूः ।

ॐ भुवः स्वाहा - इदं भुवः ।

ॐ स्वः स्वाहा - इदं स्वः ।

एतामहाव्याहृतयः

त्वतोअग्र इति वामदेव ऋषिर्अग्निर्वरुणोदेवतात्रिष्टुपछंदो होमे विनियोगः।

ॐ तन्नोअग्नेवरुणस्य विद्वानदेवस्यहेडोअवयासिसीष्ठाः यजिष्टोवन्हतमःशोश्चुचानोविश्वाद्वषाग्वंसिप्रमुग्ध्यस्मत् स्वाहा

- इदं अग्निवरुणाभ्यां ।

ॐ सुहवोन् अग्नेवमोभवोतीनेदिष्टो अस्याउषन्त्योव्यष्टौअवयक्षणोवरुणग्वंरण्णोव्रीहिमृडीकग्वं सुहवोन्येधि स्वाहा

- इदंअग्निवरुणाभ्यां।

अपानश्चाग्र इतिवामदेवऋषिरग्निर्देवतात्रिष्टुपछंदः सर्व प्रायश्चित्त होमे विनियोगः।

ॐ अपाश्चाग्रेस्यनभिशस्तियाशचसत्वमित्वमयाऽसि अपानोयज्ञंवहास्ययानोधेहिभेषजग्वं स्वाहा

- इदमग्नये ।

ॐ येतेशतंवरुणं येसहस्त्रयज्तयायां सविततामहांतस्तेभिर्नो अद्यसवितोतविघ्मविशवमुंचंतुमरुतःस्वर्क्काः स्वाहा -इदंवरुणायसवित्रेविघ्नविश्वेभ्योदेवेभ्योमनुदभ्यः स्वर्केभ्यः ।

ॐ उदतमं वरुणपाशमस्मादवाधिमंविमध्यमग्वं अथाय अथावयमादित्यवृतेतवानागसोआदितयेस्याम स्वाहा - इदं वरुणाय।

एताः प्रायश्चित्त संज्ञकाःततोन्वारब्धं बिना ॐ प्रजापतये स्वाहा -इदं प्रजापतये।

ॐ अग्नये स्वस्ठिकृतेस्वाहा -इदमग्नये स्वष्ठिकृते।

उदकोयस्पर्शनं।

6

अथराष्ट्रभृत्य:

ॐ ऋताषाऋतधामाग्निगंधर्व:सन्इदंन्वलक्षत्रं पातुतस्मैस्वाहावाट्
इदमृतासाहेऋतधाम्नेऽग्रयेगंधर्वाय
ॐ ऋताषाड्ऋतधामाग्निगंधर्वायस्तस्यौषधयोसर
सांमुदोनामताभ्य: स्वाहा इदमोषधिभ्योऽपसरोमुभ्य्य:।।१।।
ओंभ्योग्वंहितोविश्वसामा सूर्य्योगंधर्व:
सन्इदंब्मह‌क्षत्रयांतुतस्मैस्वाहा ।।२।।
इदंसहिताय विशवसाम्रसूर्याय गंधर्वाय
ओंसग्वंहितो विश्वसामासूर्योगंधर्व:
सन्इदंब्मह‌क्षत्रयांतुतस्मौस्वाहा।।३।।
इदंसहितायविश्वसाम्रेसूर्याय गंधर्वाय
ॐ सग्वंहितोविश्वसामासूर्योगंधर्वस्तस्यमरीचयोप्सरस
आपवोनामताभ्य:स्वाहा वाट
इदंमरीचिभ्गोप्सरोभ्य:आयुभ्य:।।४।।
सुषुशा: सूर्यरश्मिश्चंद्रमागंधर्व:
सन्इदंब्रम्हक्षत्रंपातुतस्मैस्वाहावाट
इदंसुषुम्णाय सूर्यरश्मयेचन्द्रमसेगंधर्वाय।।५।।
ॐ सुषुम्ण:सूर्यरश्मि चन्द्रमागंधर्वस्तस्य
नक्षत्राण्यसरसोभेकुरुभ्य:।।६।।
ॐ इषिरोविश्वव्चावातोगंधर्व: सन्इदंब्रम्हक्षत्रंपातुतस्मैस्वाहावाट

इदमिषिरायविश्वव्यचसेवातायगंधर्वाय।।७।।
ॐ इतिरोविश्वव्यचावातोगंधर्वस्तुस्या योअप्सरस
उज्र्जोनामताभ्य: स्वाहा - इदंमरुघ्नोऽप्सरोभ्य ऊग्भ्र्य: ।।८।।
ॐ भुज्यु:सुपर्णो यज्ञो गंधर्व:सन इदं व्रक्षत्रंपातुतस्मै स्वाहा वाट
इदभुज्यवे सुपर्णा ययज्ञायं गंधर्वाय।।९।।
ॐ भुज्य:सुपर्णोयज्ञो गंधर्वस्तुदक्षिणाप्सरसस्तावानामताभ्य:
स्वाहा वाद इदं दक्षिणेभ्योऽप्सरोतावाभ्य: स्वाहा।।१०।।
ॐ प्रजापतिर्विश्वकर्मा मनोगंधर्वसन् इदं ब्रम्हक्षग्रंघातु तस्मै स्वाहा
इदं प्रजापतये विश्वकर्मणे मनसे गंधर्वाय।।११।।
ॐ प्रजार्विश्वकर्मा मनोगंधर्वस्तस्यंॠक्तामान्यऽप्सरेसाराष्टनाम
ताभ्यस्वाह इदमृक्ताहमेभ्योऽप्सरोभ्यराष्ट्रिभ्य: इतिराष्ट्रभृत:ता।

7

अथ जपा होम:

ऊंचित्तं च स्वाहा - इदं चित्ताय।

ॐ विघ्नों प्रायश्चित्त उग्र: मतनाजयेषुतस्मैविश: समवंतसर्वास उग्र: स इहव्योवभूव स्वाहा इदं प्रजापतये जपानिंद्राय।

इति जपा होम:

उदकोयस्पर्शनं

ॐ अग्निर्भूतानामधिपति:समावत्वस्विनब्रह्मरायस्मि नक्षत्रेस्यामाशिष्यस्यांपुरीधाया यस्मिन कर्मण्यस्यांदेवहूत्याग्वंस्वाहा

इदं मग्नये चित्तिश्च स्वाहा - इदं चित्यै ।

ॐ आकूतंच स्वाहा - इदं आकूताय।

ॐ आकूतिश्च स्वाहा - इदं आकूत्यै।

ॐ विज्ञातं च स्वाहा - इदं विज्ञात्यै।

ॐ मनश्च स्वाहा - इदं मनसे।

ॐ सक्करीश्च स्वाहा - इदं सफ्फरीभ्य:।

ॐ दर्शश्च स्वाहा - इदं दर्शाय।

ॐ पौर्णमासंच स्वाहा - इदं पौर्णमासाय।

ॐ वृहंच स्वाहा - इदं वृहते।

ॐ रथंतरं च स्वाहा - इदं रथंतराय।

ॐ प्रजापति राजपा निंद्रा

भूतानामंधिपतये ॐ इन्द्रोज्येष्ठानामधिपतिः समिवत्वस्मिन ब्रह्मण्यस्मिनवातेस्यामा शिष्यस्यांपुरोधायांमस्मिन् कर्मर्ण्यस्यांदेव हूत्याग्वंस्वाहा

- इदं इन्द्रायज्येष्ठानामधिपतये।

ॐ यमः पृथिव्याअधिपतये - अत्र प्रणीतोदकस्पर्शः

ॐ वायुरंतरिक्षस्याधिपतिः समावत्वस्मिन्ब्रह्मण्यस्मिन्क्षत्रेस्यामाशिषस्यांपुरोधायामस्मिन् कर्माण्यस्यांदेवहूत्याग्वं स्वाहा

- इदं वायवे अंतरिक्षस्याधिपतये।

ॐ सूर्योदेवोधिपतिःसमावत्वस्मिन् ब्रह्मण्यस्मिन्

क्षत्रेस्यामाशिष्यस्यापुरोधामस्मिन्

कर्म्मण्यस्यां देवहूत्याग्वं स्वाहा

- इदं सूर्यायदिवोधिपतये।

ॐ चन्द्रमा नक्षत्राणां अधिपतिः समावस्मिन्ब्रह्मण्यस्मिन्क्षत्रेस्यामा शिष्यास्यामपुरोधामस्मिन्कर्मण्यस्यांदेवहूत्याग्वंस्वाहा

- इदं चंद्रमसेनक्षत्राणाम्अधिपतये ।

ॐ वृहस्पर्तिब्रह्मणोधिपतिःसमावत्वस्मिन् ब्रह्मण्यस्मिन् नक्षत्रेस्यामाशिष्यस्यां पुरोधायांस्मिन् कर्मण्यस्यांदेवहूत्याग्वंस्वाहा

- इदं मित्राय सत्वानामधिपतये।

ॐ वरुणोऽयामधिपतिःसमावत्वस्मिन् ब्रह्मण्यस्मिन् नक्षत्रेस्यामाशिष्यस्यां शिष्यस्यांपुरोधायांमस्मिन् कर्मर्ण्यस्यांदेव हूत्याग्वंस्वाहा

- इदं वरुणायायाम् अधिपतये।

ॐ समुद्रःस्नोत्यानामधिपतिः समावत्वस्मिन् ब्रह्मण्यस्मिन् नक्षत्रेस्यामाशिष्यस्यां पुरोधायांस्मिन् कर्मण्यस्यांदेवहूत्याग्वंस्वाहा

- इदं समुद्रायस्नोत्यावामाधिपतये।

ॐ अन्नग्वं सम्राज्यनामधिपतिः समावत्वस्मिन् ब्रह्मण्यस्मिन् नक्षत्रेस्यामाशिष्यस्यां पुरोधायांस्मिन् कर्मण्यस्यांदेवहूत्याग्वंस्वाहा

- इदं अन्नाय साम्राज्यानामधिपतये।

ॐ सोम ओषधीनामधिपतिः समावत्वस्मिन् ब्रह्मण्यस्मिन् नक्षत्रेस्यामाशिष्यस्यां पुरोधायांस्मिन् कर्मण्यस्यांदेवहूत्याग्वंस्वाहा

- इदं सोमाषौषधीनामधिपतये।

ॐ सविता प्रसवानामधिपतिः समावत्वस्मिन् ब्रह्मण्यस्मिन् नक्षत्रेस्यामाशिष्यस्यां पुरोधायांस्मिन् कर्मण्यस्यांदेवहूत्याग्वंस्वाहा

- इदं सवित्रेप्रसवित्रे प्रसवानामधिपतये।

ॐ रुद्रःपशूनामधिपतिः समावत्वस्मिन् ब्रह्मण्यस्मिन् नक्षत्रेस्यामाशिष्यस्यां पुरोधायांस्मिन् कर्मण्यस्यांदेवहूत्याग्वंस्वाहा

- इदं रुद्रायपशूनामधिपतये।

अत्र प्रणीतोदकस्पर्शः

ॐ त्वष्ट्रारुपाणामधिपतिः समावत्वस्मिन् ब्रह्मण्यस्मिन् नक्षत्रेस्यामाशिष्यस्यां पुरोधायांस्मिन् कर्मण्यस्यांदेवहूत्याग्वंस्वाहा -इदं त्वष्ट्रेरुद्राणांमधिपतये ।

ॐ विष्णुःपर्वतानामधिपतिः समावत्वस्मिन् ब्रह्मण्यस्मिन् नक्षत्रेस्यामाशिष्यस्यां पुरोधायांस्मिन् कर्मण्यस्यांदेवहूत्याग्वंस्वाहा -इदं विष्णवे पर्वतानामधिपतये।

ॐ मरुतो गणानमधिपतये तस्तेतमावत्स्मिन ब्रह्मण्यस्मिन् नक्षत्रेस्यामाशिष्यस्यां पुरोधायांस्मिन् कर्मण्यस्यांदेवहूत्याग्वंस्वाहा

- इदं मरुद्गणो गणानामधिपतिभ्यः।

ॐ पितरःपितामहापरेवरेततस्तताज्ञहास्ते मावंत्वस्मिन ब्रह्मण्यस्मिन् नक्षत्रेस्यामाशिष्यस्यां पुरोधायांस्मिन् कर्मण्यस्यांदेवहूत्याग्वंस्वाहा

-इदं पितृभ्यःपितृभ्यः पितामहेभ्यःपरेभ्यो वरेस्ततेभ्यस्ततामहेभ्यः ।

अत्र प्रणीतोदकस्पर्शनंइत्याभ्यांताननामकं।

ॐ अग्निरेतुप्रथमोतानाग्वंसोस्यैप्रजांमुचतुप्रत्युपाषात् ।

तदपग्वंराजावरुणोनुमन्यतां यथेपग्वं स्त्री पौत्र मद्यन्नरोदात्स्वाहा इदमग्नये

ॐ इमामग्निस्त्रायतांगाहपत्यः प्रजामस्यैनयतु दीर्घमायुः अश्रून्योपस्थाजीवितामस्तुमाता पौत्रमानन्दमभिविबुध्यतामियग्वं

स्वाहा इदमग्नये ।

ॐ स्वस्तिनोग्नेदिवापृथिव्याविश्वानिवेह्ययथापयत्रयद

श्यांमहिदिवजातंप्रस्तंतदस्मा सुद्रविणंधेहिचित्रग्वंस्वाहा इदमग्नये ।

ॐ सूनानुपंथा प्रविशन्नराहिज्योतिष्मध्ये ह्यजरन्न आयुः अयैतुमृत्युरमृतम् आगाद्वैवस्वतो अभयंकृघ्मोतु स्वाहा

- इदं वैवस्वताय।

अत्रप्रणीतोदकस्पर्शनम् ।

8

तत् अन्तरपटं

ऊं परं मृत्योरनुषरेहि पंथा यस्ते अन्य इतरोदेव यानात् चक्षुष्म तेश्रृण्वते तेव्रवमिमानः प्रजाग्वंरीरिषोमोत्वीरान् स्वाहा -इदं मृत्यवे अत्र प्रणीतोदकोय स्पर्शनं।

ततो बधूम्ग्रतः कृत्वा वरोवधूश्च द्वौऽपिप्रागमुखौस्थितो भवतःततः वरांजलिपुटो परिसंलग्नवध्वजालिस्थघृताभिधारित वधू भ्रातृ दत शमी पलाशं मिश्रैर्लाजै वधू तृकोमंत्रपाठपूर्वकहोमः।

तत्र मंत्राः -अर्यम्णमित्यार्थर्वण ऋषिर्अग्निर्देवता अनुष्टुप छंदोलाजाहोमे विनियोगः

ऊं अर्यमणंदेवंकन्या अग्निमपच्छत ज्ञनोअर्यमादेवः प्रचतोमुंचतुमायते स्वाहा।

इदमर्य्यमणेदेवाय।

ऊं इदं नार्य्यपव्रूतेलाजा नावपंत्तिकाआयुष्मानस्तु में पतिरेधतां ज्ञातयोमम स्वाहा। -इदं अग्नये।

ऊं इमां लाजाना वयम्समृधिकरणं तव मम् तुभ्यं सवदनं तदग्निंरनुमन्यतामिपग्वं स्वाहा। -इदंमग्नये।

ततोवरो वधू दक्षिणहस्तं सांगुष्ठं गृहणाति।

ॐ गृम्भणामिते सौभगत्यायहस्तमपापत्याजदष्ठर्यथासःभगोआर्यमास वित्तापुराघ्रिम्म्मह्यंत्वाद दुर्गार्हयत्यायदेवाःअमोहमस्मिसात्वग्वं सात्वमस्यमोअहं सामाहमस्मिरिकत्वाह्यौरहंपृथ्वी त्वंतावेहिविवहावहैसहरैतो दधावहै प्रजांप्रजनूपवहै पुत्रान्विद्यांवहैवहन् तेसंतुजरदष्टपः संप्रियोरोविष्णु सुमनस्यमानौ पश्येम शरदःशतंजीवेम शरदःशतग्वंश्रृणुयामशरदः

शतमितिमंत्रेण

ॐ वधूमग्नेरुत्तरतः प्राग्मुखीपूर्वोरिकल्पितं द्रषदुपलं दक्षिण पादेनारीहूतेवरः

ॐ आरोहे मम् स्नानमश्मेवत्वछं स्थिराभव अभितिष्ठ प्रतन्यतो व वाधस्वष्टतनायतः इति मंत्रेण आरुढापोमेव तस्यांवरो गाथा गायति

ॐ सरस्वतिप्रेमवद सुभगे वाजिनीवतिर्यात्वा विश्वस्य भूतस्य प्रजायामस्याग्रतः यस्यांभूतग्वं सम भवद्यस्यां विश्वमिदंजगत् तामद्य गाथा गायस्यामि यास्त्रणांमुत्तमंयशः ततोअग्रेवधूपश्चाद् वरः प्रणीतोब्रम्हासहितमग्नि प्रदक्षिणं कुरुतः।

९

अथ वर पठनो यो मंत्र:

ऊं तुभ्यंमग्रे पर्य्यवहतुनोसहपुन:पतिभ्यो जायांताम्रेप्रजया सह तत:पश्चादग्रे स्थित्वालाजा होम सांगुष्ठ हस्तग्रहणास्मारोहणं गाथागानाग्निप्रदक्षिणविपुलरपि तथैव एतेन नव लाजहुतय: सांगुष्ठहस्तग्रहणत्रयं गाथागानत्रयं दक्षिणत्रयंसंपद्यते।

ततेवशिष्ठलाजै: कनयाभ्रातृदत्तैरंजिलिस्यसूर्यकोणेन वधूर्जुहोति।

ऊं भगाय स्वाहा -इदं भगाय, चतुर्थ भ्रमणंतूघ्मीं अग्रेश्वर: पश्चात् वधू: ततस्तूघ्मींपरिक्रमणम् ततो वर: उपिविश्य ब्रामहणान् वारभ्ध: आज्येनप्रडायत्यंजुहयात्।

ऊं प्रजापतये स्वाहा इदं प्रजापतये इति मनसा अत्रप्रोक्षणी पात्र हुतशेषाज्य प्रक्षेप: ताआलेयनेनोतरोतर कृत सप्त मंडलेषु सप्तपदा।

क्रमणंवर:कारयातेवक्ष्य माणांमंत्रै: तत्र प्रथगे एकारेतिष्णुस्त्वा नयतु, द्विवतीयेद्वैउर्जे विष्णुस्त्वानयतु , तृतीये त्रोणिरापस्योसायं विष्णुस्त्वानयतु , चतुर्थेचत्वारिमयोभवाय विष्णुस्त्वानयतु ,पंचमेपशुभ्यो विष्णुस्त्वानयतु , षष्टेषडऋतुभ्यो विष्णुस्त्वानयतु , सप्तमेसखेसप्तदाभव सामामनुव्रताभव विष्णुस्त्वानयतु , ततो अग्रे पश्चाद् उपिविश्य परुषस्थकंधेस्थितकुम्भादाम्रपल्लवेनजलमानीयते नचवरोवधूरेनां मूर्ध्दन्यऽभिसिंचति

ऊं आप:शिवा: शिवतमा:शान्ता: शांततमास्तास्तेकृण्वंतुभेजजमिति पुनस्तथैवानीतिजले नात्मानम्मभिषिंचति आपोहिष्टामयोभुवस्तान्उर्जेदधातन: महेरणायचक्षसे योव:शिवतमोरसस्तस्यभाजयतेहन: उशतीरिवमातर:तस्याअरंगमामवयस्यक्षयाय् जिन्वथ आपोजन्यथाचन: - अथैनां सूर्यमुदीक्षरवेति

ऊं तच्चक्षुरित्यनेनमंत्रण वधू: सूर्यपश्यति अस्तमितेसूर्ये ध्रुवमुदीक्षरवेतिपति: प्रैषानंतरं ध्रुवं पश्यति तत्र पठनीयोमंत्र: ऊं ध्रुवमसि ध्रुवत्वापश्यामीध्रुवैधियोष्यामिऽपिमहृयंत्वा वृहस्पतिर्मयियत्या प्रजययासहसंजीवशरद: शतमितिपृष्ठाषायदिनपश्यति तथापिपश्यामीतिब्रूयात्।

ततोवरोवधूदक्षिणं सोपरिहस्तनीत्वा तस्याहृदयमालभेत् मम् व्रते ते हृदयं दधामि मम् चित्तमनुचित्तम् ते अस्तु मम् वाचमेकमनाजुषस्व प्रजापतिष्ठानिपुनक्तुहृयमितिमंत्रेण।

10

अथैनामभिमंत्रयतिवर:

ऊं समंगलीरियं वधूरिमाग्वं समेत पश्यत् सौभाग्यमस्यैदत्वा यथास्तंविपरेतन: इति मंत्रेण अथवधूं बलवान् कश्चित् ब्राह्मण उत्थाय प्रागुदगूवान् गुप्तागारेलोहितानुड्डहर्चर्म्मणिप्रतिलोमा स्तीर्णेउपवेशयेत् वरोवाओंइहगावोनिषीदंत्वहास्वाइहपुरुषा
निषीदंत्वहसहस्नदक्षिणेयज्ञयहपूषानि दत्वितिमंत्रेण अवशिष्टकृदहोम: अग्नयेस्वष्टिकृते स्वाहा - इदं अग्नये स्वस्ठिकृते श्रुवा वशिष्ठाज्यस्यप्रोक्षणीपात्रेप्रक्षेप: अयं च होमो ब्रह्मणान्वारभ्ध कर्तृक तत् आचम्यसंश्रवप्राशनं।

अथाचम्य

ऊं अद्यकृतैतदविवाहहोमकर्म्मप्रतिष्ठार्थमिदं पूर्णपात्रं प्रजापतिदैवतम्अमुकगोत्र अमुकशर्मणे ब्राह्मणायदक्षिणांतुभ्यंमहंसंप्रददे इति ब्रह्माणे दक्षिणां दद्यात्। ऊं स्वस्ति इति प्रतिवचनं। ऊं अद्य कृतौद्ववाह होम कर्मणि प्रतिष्ठार्थम् इदं हिरण्यमग्निदैवतंद्रव्यं यथा नामं गोत्रायाऽमुक शर्मणे ब्रह्माणाय इदं दक्षिणां तुभ्यमहंसंप्रददे।

ततो ब्रम्ह ग्रंथि विमोक:

ऊं सुमित्रपानिआप ओषधय:सन्तु

इति पवित्रं गृहीत्वा प्रणीताजलेनशिर:समृज्य

ऊं दुर्मित्रियास्तस्मै सतुयोस्मान्द्वेष्टियंचवयंद्विष्म:

इत्यैशान्यां प्रणीतांनिज्वीकुर्यात् तत्आस्तरणक्रमेण वर्हिरुत्थाप्याज्येनाभिधार्य्ये हस्तेनैववर्हि होमः तत्र मंत्रः ऊं देवागातुविदोगातुं वित्वागातुमितिमनस्य त इमं देवयज्ञग्वं स्वाहा वातेधा स्वाहा।

तत् उत्थाय वधू दक्षिण हस्तेनेश्रुव स्प्टष्टु घृतपुष्पफलैः पूर्णाहुतिः

ऊं मूर्ध्दानंदिवो आरतिंपृथ्व्यावैश्वानरमृत आजातमग्निकविग्वंसम्राजमितिथिजनानामासत्रापात्रंजनयंतुदेवाः स्वाहा ततःश्रुवेण भस्मानीय दक्षिणानामिकाग्र गृहीत भस्मना

ऊं त्रयायुषंजमदग्नेरिति ललाटे ऊं कश्यपश्यत्रयायुषम् इति ग्रीवायां

ऊं यद्देवेषुत्रयायुषं इति दक्षिणांसे ऊं तन्नोअस्तत्रयायुषं इति हृदये वं वध्वा अपिकुर्यात् तन्नोइत्यस्थानेतते इति विशेषः

तत् आरातूक्षणशंख समोसुवर्ण प्रेरित सिंदूर करणं वरकतृकंततोऽन्नैरपिप्रतिष्ठत स्त्री-पुरुषैः सिंदूर करणं ग्राम्य वचनं वरः कुर्य्यातुग्राम्याः स्त्रियःअथ वेदितोमंडपमागत्य दूर्वा अक्षतादि गृहाण ततस्तिरात्रम्क्षार लवनास्त्रियो अधः शापिनौनिवृत्त निर्विघ्न मैथुनों भवतः

इति समाप्तः विवाह कर्म पद्धतिः

श्रीगणेशाय नमः

सन् 2024 में विवाह कर्म पद्धति पुस्तकें शतविद्वानों को दान करने की आकांक्षा क्यों

श्रीगणेशाय नमः में 7 अक्षर हैं।

1. भूमि
2. जल
3. अग्नि
4. वायु
5. आकाश
6. मन
7. बुद्धि

इन सातों को पांच कर्मेन्द्रिय और पांच ज्ञानेन्द्रियों में जोड़ने की कला अपने मानवीय मन से सीखने वाला शिष्य और सिखाने वाला गुरु आप के साथ ही है।

आत्मा की आकांक्षा भाग -1 के अनुसार पढ़े हुए इन्द्रियों को इस प्रकार जोड़ना है।

1. आहार ....शास्त्रानुसार तर्कसंगत
2. निद्रा ....भगवत भक्ति के विश्वासानुसार
3. भय .... .परंपरागत कर्मानुसार
4. मैथुन ......वर्तमान परिस्थिति समयानुसार
5. अस्त्र(मंत्र) ..... शस्त्र यन्त्रानुसार (स्व रक्षा हेतु)

सरस्वतीं यां पितरो हवन्ते दक्षिणा यज्ञमभिनक्षमाणाः।

सहस्रार्धमिळो अत्र भागं रायस्पोषं यजमानेषु धेहि॥सरस्वती जिसको विद्वतजन मन और आत्मा से हवि देते हैं। जिसकी सत्य

भावना से सेवा करते हैं। हम भी ऐसा करने का प्रयास करते हैं। हम सरस्वती से प्रार्थना करते हैं कि हम यजमानों को भी हमारे हिस्से का सम्मान, ज्ञान, और धन प्रदान करें।- ऋग्वेद

अतः हिन्दी हिन्दू हिन्दुस्तान के लिए वर्तमान रामराज्य में भक्ति ज्ञान वैराग्य प्राप्ति हेतु भक्ति भाव व कर्म द्वारा गृहस्थ जीवन सुखमय करने के लिए राग रोष ईर्ष्या मद व मोह से मुक्त मन वचन से सत्कर्म करते रहने के लिए माता पिता व गुरु को अपना तन मन धन समर्पित करते हुए परम्परागत पूर्वजों व पूज्य पिता स्व०रामेश्वर प्रसाद तिवारी द्वारा बाल्यकाल में सत्पात्रों को ज्ञान प्रदान करने की धारणा से अपनी श्रेष्ठ संतान प्रभंजय तिवारी को गर्भावस्था में श्री मद्भागवत कथामृत पान कराने के प्रयास में श्रीमद्भागवत महापुराण के वक्ता श्रोता व सहयोगी बनें एवं वर्तमान में पुत्र प्रभंजय की 24वीं वर्ष गांठ के बाद गृहस्थ जीवन प्रवेश से पूर्व परमात्मा स्वरूप पिता की अभिलाषा व आत्मा स्वरुप पुत्र की सहमति से धनन्जय प्रसाद तिवारी को यह विवाह कर्म पद्धति लिखने का शुभ अवसर प्राप्त हुआ। सन् 1879 में हस्तलिखित पत्रकार महापुरुष विद्वान पंडित पूरणचन्द्र की पुस्तक की सहायता से यह पुस्तक लिखी है और नवदम्पत्ति के होने वाले विवाह मण्डप में सीता राम का दर्शन कराने व सनातन हिन्दू संस्कृति को जगाने के लिए पर्याप्त है। पाठक बन्धुओं को यदि पुस्तक अच्छी लगेगी तो अवश्य माता-पिता व गुरु कृपा यथा नामं तथा गुणवत्तानुसार प्राप्त होती रहेगी।

ॐ मूल रामायण (ट्रस्ट) स्थापना का मूल उद्देश्य स्वर एवं ज्योतिष अनुसंधान मानवीय चेतना द्वारा ही प्रत्यक्ष व परोक्ष रूप से पूर्ण होगा। क्यों कि परमात्मा पुरुषाकार रुप में ज्ञान का संचार करते हैं। जिस ज्ञान से निःस्वार्थ या स्वार्थ वश देवता मनुष्य व राक्षसों का कल्याण हो रहा है। जैसे भक्त नींद में स्वप्न सत्य प्रतीत होते ही मानव जीवन में सत्य स्वरूप परमात्मा की भक्ति दृढ़ करके आनन्दित होता है।उसी प्रकार माता पिता व गुरु की

प्रत्यक्षता व परोक्षता में यह पुस्तक लिखी गयी है।

क्यों कि गृहस्थ जीवन ही वह जीवन है जो साधू सन्यासी देवता राक्षस गंधर्व किन्नर सबको यथोचित आश्रय व सम्मान देकर ज्ञान व वैराग्य दोनों अजर अमर हो जाते हैं। और प्राप्त मनुष्य जीवन में विवाह उस फल के समान है जो कोई खाना नहीं चाहता है और बिना खाए कोई रहना भी नहीं चाहता है।

अतः परमात्मा से प्रेम रुपी उपहार पाने के लिए ज्ञान भक्ति वैराग्य के लिए माता पिता व गुरु की सहमति प्रत्यक्ष व परोक्ष रूप में प्रत्येक मनुष्य को चाहिए जिससे पति पत्नी का चित्त एक हो सकता है और परमात्मा के निर्विकार भावों से जुड़कर भक्ति व वाणी दृढ़ करके अपना जीवन सफल करते हुए औरों को उपयुक्त पथ दिखा कर प्रत्यक्ष व परोक्ष में आनन्दमय होंगे।जिस तरह बाल्यकाल में 11 वर्ष की अवस्था के पूर्व अपने पूज्य पिता जी द्वारा (उनके अपने शिष्यों को सिखाते समय) मुझे जो मानवीय चेतना द्वारा स्वर एवं ज्योतिष अनुसंधान हेतु बालबुद्धि में ज्ञानार्जन हुआ वह अपनी अवशेष निर्मल बालबुद्धि द्वारा मानव समाज को समर्पित करने का आधार भी विवाह कर्म पद्धति का ज्ञान है जिससे मनुष्य स्वयं सीता राम रुप में होकर ही सीता राम का दर्शन अनुभव करेंगे।

"ब्रम्ह स्वरुप ब्रम्हज्ञ ब्रम्ह भावे च तत्पर।
ब्रम्ह बीज स्वरुपेण ब्रम्ह बीज नमोस्तुते।।"

मानवीय जीवन में प्रशस्त कर्म के लिए जैसे रामचरितमानस ही आधार है, जैसे मानवीय जीवन में सद्भावनाओं के लिए श्री मद्भगवत् गीता है, उसी प्रकार श्वासोंद्वारा वाणी के लिए मूल विवाह कर्म पद्धति भी रामराज्य में आधार होगी।ऊं मूल रामायण (ट्रस्ट)

विवाह कर्म कन्या पक्ष के पुरोहित से पूर्ण होगा

चतुर्थी कर्म वर पक्ष के पुरोहित से पूर्ण सम्पन्न हो

अथ चतुर्थी कर्म

ततस्चतुर्थ्याम् पर रात्रे चतुर्थीकर्म तच्च गृहाभ्यंतरं एव कार्य तद् उद्वर्तनादिकृत्वा युगकाष्ठमुपविश्यस्त्राश्रुद्ध वस्त्रं परिधाय गृहं प्रविश्य वधूवसैप्राङ्ग्मुखौभवत:

ॐ गणपत्यादिदेवता पूजनम् तत:कुशंडिकारंम: तत्र क्रम:

जामा त्रि हस्तपरिमिता वेदीं कुशै: परिसमूहतान् कुशानैशान्यां परित्ज्य गोमयोदकेनोपलिप्य स्फेन श्रुवेणवा प्रागग्रप्रादेश मात्रं त्रिरुत्तरोत्तर क्रमेणोलिख्याउल्लेखनक्रमेण अनामिकांअगुष्ठाभ्यां मृदमुद्धृत्य जलेनाभ्युक्ष्यं तत्र तूष्मीं काश्यपात्रेणा अग्निमानीयस्वाभिमुखंनिदध्यात् तत:पुष्प चंदन ताम्बूल वस्त्रारायादाय ॐ अस्यांरात्रौ कर्तव्य चतुर्थी होम कर्मणि कृता कृता वेक्षणरुप ब्रम्हकर्म कर्त्रुहोतृ कर्म कर्तुम् अमुक गोत्र अमुक शर्माणं ब्राम्हणमेभि पुष्प चंदानादिर्भिब्रम्हत्वेन होतृ त्वेनच त्वा महंवृणे इति ब्रह्मणम्वृणुयात् ।

ॐ वृतोस्मीति प्रतिवचनम् यथा विहितंकर्म कुर्वति वरेणोक्ते ॐ करवाणि इति ब्रह्मणोवदेत् ततोग्रेदक्षिणत: शुद्धमासनंदत्वातदुपरि प्राग्ग्रान् कुशानास्तीर्य ब्रह्यमाणम् अग्निप्रदक्षिण क्रमेणानीय

ॐ अत्रत्वं में ब्रम्हाभवेत्यभिधाय ॐ भवानीतिब्रमहणेनोक्ते कल्पितासनेउदंग्यमुखंब्रह्यमणंमुपवेशयेत ततप्रथूदकपात्रमग्रेरुत्तरत:प्रतिष्ठाप्य प्रणीतापात्रं पुरत:कृत्वा वारिणापरिपूर्य कुशैराछाद्य ब्रह्मणेमुखम्अवलोक्य अग्रेरुत्तरत:कुशोपरि निदध्यात् तत:परिष्तरणंवर्हिषश्चतुर्थभागम्आदाय आग्रेयादीशानानतंब्रह्मणोअग्निपर्यन्तं नैॠत्याद्वापयांतं अग्नित:प्रणीतायपर्यन्तं ततोग्रेरुत्तरत: पश्चिमदिशिपवित्र छेदनार्थं कुशत्रयपवित्रकरणार्थं साग्रतं तर गर्भ कुश पत्रद्वयं प्रोक्षणीपात्रं आज्यस्थाली संमार्जनार्थं कुशत्रयं उपयमनार्थ वेणी रुप कुशत्रयं समिधस्त्रि: श्रुव:षटपंचाश दुतखरमुष्टिशत द्वपावच्छिन्नाम तंदुलं

पूर्ण पात्रं एतानि पवित्र छेदन कुशानाम् पूर्व पूर्व दिशि क्रमेणासादनीयानि ततः पवित्र छेदन कुशैः पवित्रेछित्वा प्रादेशमिति पवित्र करणंततः सपवित्रकरेण प्रणीतोदकं त्रिप्रोक्षणी पात्रेनिधाय अनामिका अंगुष्ठाभ्यामुत्तराग्रे पवित्रेधृत्वा तृरुत्यवनंततः प्रोक्षणीपात्रस्यसव्यहस्तकरणं पवित्रेगृहीत्वात्रिगुनं प्रणीतोदकेनप्रोक्षणीप्रोक्षणंततः प्रोक्षणीजलेनयथासादित वस्तुसेचनं ततोग्रिप्रणीतयोर्मध्ये प्रोक्षणीपात्रनिधाय आज्यस्थाल्यामाज्यनिर्वापः ततोधिश्रयणं ततोज्वलतृणदिनाहविर्वोष्टवित्वाप्रदक्षिणक्रमेण पर्येग्निकरणंततः श्रुवं प्रतप्य संमार्जनकुशानांमग्रेरतरतोमूलैर्वाह्यतः श्रुव संमार्जनंप्रणीतोदकेनाभ्युक्ष्य पुनः:प्रतप्य श्रुवंदक्षिणतोनिदध्यात् तत्:आज्यस्याग्रेरवतारणं तत्आज्येप्रोक्षणीवदुत्यवनं अवेक्ष्यसत्यपदव्येतन्निरसंनंपुनः पूर्ववत् प्रोक्षण्युत्वनंप्रशन्नमन्कुशान् वाम हस्तेनादाय उतिष्ठन् प्रजापतिं मन् संध्या तूष्मीं मग्रौघृताक्तासमिधस्तस्वः क्षिपेत् तत् उपविश्य मोक्षणीजलेननाग्निप्रदक्षिणं पर्युक्ष्यपवित्रप्रणीतापात्रे धृत्वा ब्रह्यमणीत्वारब्धः पातितदक्षिणजानुजुहुयात् चतुष्टयेततदाहुतयनंतरं श्रुवावस्थिताज्यं प्रोक्षण्यां क्षिपेत्

ॐ प्रजापतये स्वाहा -इदं प्रजापतये इति मनसा

ॐ इन्द्राय स्वाहा -इदं इन्द्राय इत्याधारौ

ॐ अग्नये स्वाहा -इदं अग्नये

ॐ सोमाय स्वाहा -इदं सोमाय इत्याज्यभागौ तत् आज्याहुती पंचयतयेस्थालीपाकाहुतौ प्रवत्याहुत्यंनतरं श्रुवावस्थितशेषघृतस्य प्रोक्षणीपात्रेप्रक्षेपःततोब्रह्माणन्वारब्धविता

ॐ अग्रेप्रायश्चित्ते त्वंदेवानाम्प्रायश्चितूरसि ब्राह्मस्त्वानाथकाम उपधावामियास्यै पति घ्नीतनूस्तामस्यैनाशयस्वाहा -इदं वायवे

ॐ सूर्य प्रायश्चितेत्व देवानांप्रायश्चितेरसिब्राह्मणस्त्वानाथ काम उपधावामियास्यै पशुघ्नीतनुस्तामस्यैनाशस्वाहा -इदं सूर्याय

ॐ चन्द्रप्रायश्चितेत्वंदेवानां प्रायश्चितरसि ब्राह्मणस्त्वानाथ काम उपधावामियास्यै यशौघ्नीस्तनूस्तामस्यैवासय स्वाहा -इदं गंधर्वाय

ततः स्थाली पाकेन जु हुयात्

ऊं प्रजापतये स्वाहा -इदं प्रजापतये इति मनसा अग्रया हुतिनवकेहुतशेष घृतस्या प्रोक्षणी पात्रे प्र क्षेप: अपंचहोमोब्राम्हणान् वारब्धकर्तृक: तत्र आज्यस्थाली पाकाभ्याम् स्विष्टकहवोम:

ऊं अग्नये स्वस्ठिकृतेस्वाहा -इदमग्नये स्वष्ठिकृते तत: आज्येन

ऊं भू: स्वाहा -इदं भू:

ऊं भुव: स्वाहा -इदं भुव:

ऊं स्व: स्वाहा -इदं स्व: एतामहाव्याहृतय:

ऊं त्वनोअग्नेवरुणस्य विद्वान देवस्य हेडोअवयासिसीष्टा: यजिष्टोवन्हतम: शोशुचानो विश्वा द्वेषाग्वंसिप्रमुग्धस्मत्स्वा हा -इदं अग्निवरुणाभ्यां

ऊं सत्वन्नोअग्नेवमोभवोतीनेदिष्टोअस्या उषसोव्यष्टौ अवयक्ष्येणो वरुण ग्वं रराणोव्रीहि मृडीकग्वंसुहवोनराधिस्वाहा -इदं अग्निवरुणाभ्यां

ऊं अयाश्चाग्रेस्यनभिशस्तिपाश्च सत्वमित्वमया असिअयानो यज्ञंवहास्यपानौ धेहिभेषजग्वंस्वाहा -इदमग्नये

ऊं येतेशतं वरुणंयेसहस्त्रयज्ञिया:पाशा वित्त तामहांतस्तेभिर्नो अद्य सवितोतविष्णुर्मुचंतु मरुत:स्वर्कास्वाहा -इदं वरुणाय सवित्रे विष्णवे देवेभ्यो मनुद्भ्य:स्वर्केभ्य:

ऊं उदतमं वरुणपाशमस्मादवाधिमंविमध्यमग्वं अथाय अथावयमादित्यवृतेतवानागसोआदितयेस्याम स्वाहा -इदं प्रजापतये इति मनसा इदं प्रजापत्यम् तत:संश्रवप्राशनं तत् आचम्य ।

ऊं अस्यांरात्रौ कृतैतत चतुर्थी होम कर्मणि कृता कृत वेक्षण रुप ब्रम्ह कर्ग प्रतिष्ठार्थमिदं पूर्ण पात्रं प्रजापति दैवत अमुक गोत्र अमुक शर्माणे ब्रह्मण्यायद् दक्षिणां तुभ्यमहंसंप्रददे। इति दक्षिणांद्यात्स्वस्तीति प्रतिवचनम्।ततो ब्रम्ह ब्रम्ह ग्रंथि विमोक: तत:सुमित्रेपान आप ओषधय:संतुइति पवित्राभ्यांशिर: समृज्य।

ऊं दुर्मित्रियास्तस्मै सतुयोस्मान्द्वेष्टियंचवयंद्विष्म इत्येशान्यांदिशि प्रणीतांनिज्वीकुर्यात् तत्आस्तरणक्रमेण वर्हिरुत्थाप्याघृताक्तंहस्तेनैवजहुयात्

ऊं देवागातुविदोगांतु वित्वागातुमितनसस्यत इमं देवयज्ञग्वं स्वाहा वातेधास्वाहा आम्रपल्लवेन जलमानोयमूर्धि वरोवधूमभिषिंचति

ऊं पातेपतिघ्नीप्रजाघ्नी पशुघ्नी गृहघ्नी पक्षिघ्नी निंदितातनूजरिघ्नी तत् एनांकरोमिसार्जीर्यत्वं मयासह श्रीअमुक देवि इति मंत्रेण ततोवधू स्थालीयाकंप्राशयतिवरः

ऊं प्राणैस्तैप्रणान् संदधामि

ऊं अस्तिभिस्तेऽस्थीनिसंदधामि

ऊं मांसैस्तैमांसानि सदधामि

ऊं त्व चाते त्वं च संदधामि इति मंत्र चतुष्टयेन प्रतिमंत्रात्मन्नं प्राशयेत् ततोवधू हृदयंस्पृष्टवावरः पठेत्।

ऊं यतेसुशीमहृदयंदिविचंद्रमसि श्रियंवेदाहं तन्मातद्विधातु पश्येम शरदः शतं जीवेम शरदः शतग्वंश्रृणुयामशरदः - शतमितिमंत्रेण

अथकंण मोक्षाणादीनियुतग्रंथविमोकादीनिआचारप्राप्तानि तत् उत्थाय वधू दक्षिण हस्तस्पृष्ट श्रुवेणसाधृतलपुष्प पूर्णेनपूर्णाहुतिं कुर्यात

ऊं मूर्ध्दानंदिवो आरतिंपृथ्व्यावैश्वानरमृत आजातमग्निकविग्वंसम्राजमितिथिजनानामासत्रापात्रंजनयंतुदेवा स्वाहा इति मंत्रेण पूर्णाहुतिःततःश्रुवेण भस्मानीय दक्षिणानामिकाग्र गृहीत भस्मना

ऊं त्रयायुषंजमदग्नेरिति ललाटे

ऊं कश्यपश्यत्रयायुषम् इति ग्रीवायां

ऊं यद्देवेषुत्रयायुषं इति बाहुमूले तन्नोअस्तुत्रयायुषं इति हृदये एवं वध्वा अपित्र्यायुषंकुर्यात्

तन्नोइत्यस्थानेतते इति विशेषः तत् आचार्य दक्षिणांदद्यात् भूयसीं दद्यात्

इति चतुर्थी कर्म समाप्त सहित इति विवाह पद्धति समाप्तं

तत्र वर पठनो यो मंत्रः

ॐ तुभ्यंमग्रे पर्य्यवहतुनोसहपुनःपतिभ्यो जायांताम्ग्रेप्रजया सह
ततःपश्चादग्रे स्थित्वालाजा होम सांगुष्ठ हस्तग्रहणास्मारोहणं
गाथागानाग्निप्रदक्षिणविपुलरपि तथैव एतेन नव लाजहुतयः
सांगुष्ठहस्तग्रहणत्रयं गाथागानत्रयं दक्षिणत्रयंसंपद्यते।
ततेवशिष्ठलाजैः कनयाभ्रातृदत्तैरंजिलिस्यसूर्यकोणेन वधूर्जुहोति।
ॐ भगाय स्वाहा -इदं भगाय, चतुर्थ भ्रमणंतूष्मीं अग्रेश्वरः पश्चात्
वधूः ततस्तूष्मींपरिक्रमणम् ततो वरः उपिविश्य ब्रामहणान् वारभ्धः
आज्येनप्रडायत्यंजुहयात्।
ॐ प्रजापतये स्वाहा इदं प्रजापतये इति मनसा अत्रप्रोक्षणी पात्र
हुतशेषाज्य प्रक्षेपः ताआलेयनेनोतरोतर कृत सप्त मंडलेषु सप्तपदा।
क्रमणंवरःकारयतिवक्ष्य माणंमंत्रैः तत्र प्रथमे एकारेविष्णुस्त्वा
नयतु,
तीर्थ व्रतोद्यापन यज्ञ दानं,मया सह त्वं यदि कान्त कुर्याः।
वामांग्मायामि तदा त्वदीयं जगाद्कन्या प्रथमंकुमारी।।
द्वितीयेद्वैउर्जे विष्णुस्त्वानयतु ,
हव्यप्रदानैरमरान् पितृश्च कव्यप्रदानैर्यदि पूजयेथा।
वामांग्मायमि तदा त्वदीयं जगाद्कन्या वचनम्द्वितीयम्।।
तृतीये त्रोणिरापस्योसायं विष्णुस्त्वानयतु ,
कुटुंब रक्षा भरणं त्वदीयं कुर्याः पशूनामपरिपालनम्च
।वामांग्मायामि तदा त्वदीयं जगाद्कन्या वचनम्तृतीयम् ।।
चतुर्थेचत्वारिमयोभवाय विष्णुस्त्वानयतु ,
आय-व्ययं धान्यधनादिकानाम् दृष्ट्या निवेशं प्रगृहंनिद्धया।
वामांग्मायामि तदा त्वदीयं जगाद्कन्या वचनम्चतुर्थकम्।।
पंचमेपशुभ्यो विष्णुस्त्वानयतु ,
देवालयाराम तड़ागकूपं वापीनिद्धयाः यदि पूजयेथा।
वामांगमायामि तदा त्वदीयं जगाद्कन्या वचनम्चपंचमम्।।
षष्टेषडऋतुभ्यो विष्णुस्त्वानयतु ,

तत्र वर पठनो यो मंत्र:

देशांतरे वा स्वपुरान्तरे वा यदा विद्धया: क्रय-विक्रयेत्वं।
वामांगमायामि तदा त्वदीयं जगाद्कन्या वचनं च षष्ठम।।
सप्तमेसखेसप्तदाभव सामामनुव्रताभव विष्णुस्त्वानयतु ,
न सेवनीया परिकीयजाया त्वया भवेभावनिकामिनीश्च।
वामांगमायामि तदा त्वदीयं जगाद्कन्या वचनं च सप्तमम्।।

ततो अग्रे पश्चाद् उपिविश्य परुषस्थकंधेस्थितकुम्भादाम्रपल्लवेनजलमानीयते नचवरोवधूरेनां मूर्ध्दन्यऽभिसिंचति

ऊं आप:शिवा: शिवतमा:शान्ता: शांततमास्तास्तेकृण्वंतुभेजजमिति पुनस्तथैवानीतिजले नात्मानम्मभिषिंचति आपोहिष्टामयोभुवस्तान्उर्जेदधातन: महेरणायचक्षसे योव:शिवतमोरसस्तस्यभाजयतेहन: उशतीरिवमातर:तस्याअरंगमामवयस्यक्षयाय् जिन्वथ

आपोजन्यथाचन: -

अथैनां सूर्यमुदीक्षरवेति

ऊं तच्चक्षुरित्यनेनमंत्रण वधू: सूर्यपश्यति अस्तमितेसूर्ये ध्रुवमुदीक्षरवेतिपति: प्रैषानंतरं ध्रुवं पश्यति तत्र पठनीयोमंत्र:

ऊं ध्रुवमसि ध्रुवत्वापश्यामीध्रुवैधियोष्यामिऽपिमहृयंत्वा वृहस्पतिर्मयियत्या प्रजययासहसंजीवशरद: शतमितिपृष्ठाषायदिनपश्यति तथापिपश्यामीतिब्रूयात्।

ततोवरोवधूदक्षिणं सोपरिहस्तनीत्वा तस्याहृदयमालभेत् मम् व्रते ते हृदयं दधामि मम् चित्तमनुचित्तम् ते अस्तु मम् वाचमेकमनाजुषस्व प्रजापतिष्ठानिपुनक्तुहृयमितिमंत्रेण।

अथैनामभिमंत्रयतिवर:

ऊं समंगलीरियं वधूरिमाग्वं समेत पश्यत् सौभाग्यमस्यैदत्वा यथास्तंविपरेतन: इति मंत्रेण अथवधूं बलवान् कश्चित् ब्राह्मण उत्थाय प्रागुदगूवानू गुप्तागारेलोहितानुडुहर्चर्म्मणिप्रतिलोमा स्तीर्णेउपवेशयेत् वरोवाओंइहगावोनिषीदंत्वहास्वाइहपुरुषा निषीदंत्वहसहस्नदक्षिणेयज्ञयहपूषानि दत्विितिमंत्रेण अवशिष्टकृदहोम: अग्नयेस्वष्टिकृते स्वाहा -इदं अग्नये स्वस्ठिकृते

तत्र वर पठनो यो मंत्रः

श्रुवा वशिष्ठाज्यस्यप्रोक्षणीपात्रेप्रक्षेपः अयं च होमो ब्रह्मणान्वारभ्ध कर्तृक तत् आचम्यसंश्रवप्राशनं।

अथाचम्य

ऊं अद्यकृतैतदविवाहहोमकर्म्मप्रतिष्ठार्थमिदं पूर्णपात्रं प्रजापतिदैवतम्अमुकगोत्र अमुकशर्मणे ब्राह्मणायदक्षिणांतुभ्यंमहंसंप्रददे इति ब्रह्माणे दक्षिणां दद्यात्।

ऊं स्वस्ति इति प्रतिवचनं।

ऊं अद्य कृतैद्विवाह होम कर्मणि प्रतिष्ठार्थम् इदं हिरण्यमग्निदैवतंद्रव्यं यथा नामं गोत्रायाऽमुक शर्मणे ब्रह्माणाय इदं दक्षिणां तुभ्यमहंसंप्रददे।

ततो ब्रम्ह ग्रंथि विमोकः

ऊं सुमित्रपानिआप ओषधयःसन्तु

इति पवित्रं गृहीत्वा प्रणीताजलेनशिरःसमृज्य

ऊं दुर्मित्रियास्तस्मै सतुयोस्मान्द्वेष्टियंचतयंद्विष्मः

इत्यैशान्यां प्रणीतांनिज्वीकुर्यात् तत्आस्तरणक्रमेण वर्हिरुत्थाप्याज्येनाभिधार्य्ये हस्तेनैववर्हि होमः तत्र मंत्रः

ऊं देवागातुविदोगातुं वित्वागातुमितिमनस्य त इमं देवयज्ञग्वं स्वाहा वातेधा स्वाहा।

तत् उत्थाय वधू दक्षिण हस्तेनेश्रुव स्प्टष्टु घृतपुष्पफलैः पूर्णाहुतिः

ऊं मूर्ध्दानंदिवो आरतिंपृथ्व्यावैश्वानरमृत आजातमग्निकविग्वंसम्राजमितिथिजनानामासत्रापात्रंजनयंतुदेवाः स्वाहा ततःश्रुवेण भस्मानीय दक्षिणानामिकाग्र गृहीत भस्मना

ऊं त्रयायुषंजमदग्नेरिति ललाटे ऊं कश्यपश्यत्रयायुषम् इति ग्रीवायां

ऊं यद्देवेषुत्रयायुषं इति दक्षिणांसे ऊं तन्नोअस्तत्रयायुषं इति हृदये वं वध्वा अपिकुर्यात् तन्नोइत्यस्थानेतते इति विशेषः

तत् आरातूक्षणशंख समोसुवर्ण प्रेरित सिंदूर करणं वरकतृकंततोऽन्नैरपिप्रतिष्ठत स्त्री-पुरुषैः सिंदूर करणं ग्राम्य वचनं वरः कुर्य्यातुग्राम्याः स्त्रियःअथ वेदितोमंडपमागत्य दूर्वा अक्षतादि गृहाण ततस्तिरात्रम्क्षार लवनास्त्रियो अधः शापिनौनिवृत्त निर्विघ्न मैथुनों भवतः

तत्र वर पठनो यो मंत्रः

इति समाप्तः विवाह कर्म पद्धतिः

www.ingramcontent.com/pod-product-compliance
Lightning Source LLC
LaVergne TN
LVHW022108071026
849580LV00014B/2018
* 9 7 9 8 8 9 5 4 4 3 6 6 8 *